Friedrich Hölderlin · Kritische Textausgabe · Band 2

Friedrich Hölderlin
Sämtliche Werke
Kritische Textausgabe

Herausgegeben von D. E. Sattler

Luchterhand

Die *Kritische Textausgabe* (KTA)
erscheint mit Genehmigung des Verlags Roter Stern
als Lizenzausgabe der von D.E.Sattler herausgegebenen
Historisch-Kritischen Ausgabe, deren Editionsmodell
urheberrechtlich geschützt ist. Sie bietet den
durchgesehenen und neukommentierten Textteil
der *Frankfurter Hölderlin-Ausgabe* (FHA),

Mitherausgeber ist Wolfram Groddeck.

Lektorat: Thomas Scheuffelen
Satz und Umbruch: D.E.Sattler
Umschlag und Einrichtung: Kalle Giese und D.E.Sattler
Ausstattung: Martin Faust

Gesamtherstellung bei der Druck- und Verlags-
gesellschaft mbH, Darmstadt
ISBN 3-472-87002-8

Die Arbeit an dieser Ausgabe wird von
der Universität Bremen gefördert.

Zweiter Band
Lieder und Hymnen

Auf der Grundlage des von D.E.Sattler und Wolfram Groddeck herausgegebenen zweiten Bandes der Frankfurter Hölderlin-Ausgabe

Er hat das Schwerdt zum Spiele nicht genommen,
Der Richter, der die alte Nacht verdammt,
Er ist zum Schlafe nicht herabgekommen,
Der reine Geist, der aus dem Aether stammt;
Er strahlt heran, er schrökt, wie Meteore,
Befreit und bändigt, ohne Ruh' und Sold,
Bis, wiederkehrend durch des Himmels Thore,
Sein Kämpferwagen im Triumphe rollt.

An die klugen Rathgeber, v. 17-24

Zum zweiten Band

Die Überschrift *Lieder und Hymnen* charakterisiert die vielfältig unterschiedene und keineswegs bloß zweigestalte Diktion der zwischen 1790 und 1801 entstandenen Reimdichtung nur unzulänglich. Hölderlin selbst hat zahlreiche Gedichte mit diesen poetologisch nicht scharf umrissenen Namen bezeichnet, aber gerade einige der nicht näher bestimmten Texte lassen sich weder der einen noch der anderen Gruppe zuordnen. Daß jene Terminologie zu erweitern wäre, zeigt ein Blick in Schillers *Anthologie auf das Jahr 1782* – wie eine Fülle formaler und inhaltlicher Entlehnungen bezeugt, sicher eine der wichtigsten Quellen des jungen Dichters. Neben verschiedenen Liedarten und Hymnen finden sich dort die Gattungsbegriffe *Fantasie* und *Elegie*, immer auf gereimte Formen bezogen. Als Hölderlin begann, gehörten sie schon zum poetischen Repertoire seiner Zeitgenossen. So paraphrasiert das Gedicht *Burg Tübingen*, mit dem wahrscheinlich die für längere Zeit verlassene Reimstrophe wieder aufgenommen wird, einen bei Matthisson ausdrücklich als *Elegie* definierten Typus, während etwa *Melodie an Lida* unüberhörbar auf Schillers *Fantasie an Laura* (aus jener *Anthologie*) anspielt. Der trochäische Rhythmus und der Strophenbau des 1786 erschienenen Lieds *An die Freude*

— ∪ — ∪ — ∪ — ∪
— ∪ — ∪ — ∪ —

wird in sieben Gedichten wiederholt, die fünftaktige trochäische Strophe der *Götter Griechenlands* von 1788 sogar elfmal. Neue metrische Ordnungen, wie in der *Hymne an die Schönheit*, dem nicht vollendeten *Hymnus an den Genius Griechenlands* und in *Der Gott der Jugend*, werden seltener erprobt. Offensichtlich sucht Hölderlin die Nähe formaler Muster, um sie – was nur der unmittelbare Vergleich erlaubt – in ihren ungenutzten Möglichkeiten auszuschöpfen und in der qualitativen Vertiefung zu überbieten. Bezeichnenderweise tritt deshalb zur Nachbildung der von den Urhebern längst verlassenen Vorlagen ein ernsthaftes, tendenziell systematisches Beharren. Die augenfällige Abhängigkeit trügt: Hölderlins Unterwerfung unter gegebene Formen und Inhalte enthält zugleich die produktive Kritik des zu voreilig als musterhaft Erklärten. Wenigstens hier ist das Klischee zu korrigieren, welches die Wiederholung stets als Nachahmung verleumdet. Sozusagen im Rücken der Avantgarde, die unablässig das Neue hervorbringen muß, erhält jenes seine endgültige Gestalt. In den Tübinger Liedern und Hymnen ist das unwürdige Verhältnis von origineller und nachbildender Darstellung, als Form ästhetischer Herrschschaft und Knechtschaft, aufgehoben und jene einseitige Abhängigkeit in gegenseitige Bedingtheit verwandelt; das Urteil über das Gefälle zwischen Erfindung und Nachahmung erweist sich an dieser Dichtung als oberflächlich. Tatsächlich entspricht das Programm der Hymnen, die Apotheose der *Ideale der Menschheit* (wie Wilhelm Dilthey vorschlug), den enthusiastischen Zielen der revolutionsbegeisterten Jugend und widerspricht gleichzeitig, mit der unvergleichlich frohlockenden Anrufung der neuen Gottheiten, dem resignativen, in einer späteren Ode geradezu als *scheinheilig* apostrophierten Gehalt des Schillerschen Vorbilds *Die Götter Griechenlands*.

Gegenüber früheren Ausgaben enthält dieser Band eine Rekonstruktion der auf Neuffers Rat hin verworfenenen *Hymne an die Unsterblichkeit*, die handschriftlichen Vorstufen des *Hymnus an die Göttin der Harmonie* und die handschriftliche Fassung der *Hymne an die Menschheit*. Das vermutlich von Neuffer so betitelte Gedicht *An eine Rose* wurde als *Albumblatt für Rosine Stäudlin* ediert und der bisher falsch gelesene Titel des Rätselgedichts [*An*] *Die Unerkannte* korrigiert. Erstmals als Text gedruckt ist auch die sechzehnstrophige Fassung des Liedes *Diotima*. Schließlich konnte das Landauer gewidmete Lied, am Schluß des Bandes, neu datiert werden. Hölderlin überreichte es dem Freund am Abend vor seinem Aufbruch nach Frankreich und wählte dafür die inzwischen weit zurückliegende Reimform, lange bevor er sich ihrer in Tübingen wiedererinnerte.

Zeittafel

Neben den wichtigsten biographischen Daten des Zeitraums 1790 bis 1801 enthält die Übersicht eine Auswahl von Hinweisen, aus denen Rückschlüsse zur Entstehung der Lieder und Hymnen zu ziehen sind.

1790	
Januar/Februar	Entwurf der elegischen Hymne *Burg Tübingen*, mit der Hölderlin, nach den Oden und freien Metren des Vorjahres, zur Reimstrophe zurückkehrt. Die den Vergleich herausfordernde thematische Übereinstimmung mit Gedichten von Thill, Conz und Matthisson ist sicher beabsichtigt.
März	Magenau, Neuffer und Hölderlin legen ein *Bundesbuch* an und tragen am ersten *Aldermannstag* (nach Klopstocks *Gelehrtenrepublik*) drei Freundschaftsgedichte ein; Hölderlin das *Lied der Freundschaft*.
20. April	Zweiter *Aldermannstag*; Hölderlins Beitrag im *Bundesbuch*: *Das Lied der Liebe*.
1. Juni	Am dritten *Aldermannstag* Hölderlins letzte Eintragung: *An die Stille*.
Sommer	Magenau berichtet von der Geselligkeit der Freunde: *Eines solcher Gesellschäftchen verlegten wir an dem heitersten Tage in den Garten des LammWirthes. Ein niedliches Gartenhäußgen nahm uns da auf, und an Rheinwein gebrach es nicht. Wir sangen alle Lieder der Freude nach der Reihe durch. Auf die Bole Punsch hatten wir Schillers Lied an die Freude aufgespart.* (. : .) *Nun sangen wir; bei der Strofe „dieses Glas dem guten Geist" traten helle klare Thränen in H. Auge, voll Glut hob er den Becher zum Fenster hinaus gen Himmel, und brüllte „dises Glas dem gut. G. ins Freie, daß das ganze Nekkar Thal widerschol*.
14. Juli	Verbrüderungsfest auf dem Champ de Mars.
Anfang Oktober	Besuch in Stuttgart; Hölderlin legt Neuffer die *Hymne an die Unsterblichkeit* vor, die dieser erst 1832 in redigierter Form veröffentlicht. Die Freunde ermuntern Gotthold Friedrich Stäudlin, einen neuen schwäbischen Musenalmanach herauszugeben.
Ende Oktober	Annäherung an Elise Lebret, der 1791 die drei *Lyda*-Lieder gewidmet werden.
Anfang November	An Neuffer: *Leibniz und mein Hymnus auf die Warheit haus-*

sen seit einigen Tagen ganz in m. Capitolium. Jener hat Einfluß auf diesen. Hältst Du es der Mühe werth, so will ich den Gesang an die Unsterblichkeit umarbeiten.

1791

Anfang März	Bei einem Besuch in Stuttgart erhält Stäudlin vermutlich die Druckvorlagen der drei Hymnen an die *Göttin der Harmonie*, an die *Freiheit* und an die *Muse*; vielleicht auch das an Elise Lebret gerichtete Gedicht *Melodie*, das wahrscheinlich erst später gegen *Meine Genesung* ausgetauscht wurde.
Mitte bis Ende April	Hölderlin wandert mit zwei Freunden, Hiller und Memminger, in die Schweiz. Vom Rheinfall nach Zürich, zu Lavater; über den Zürcher See und den Haggenpaß zu den *Heiligthümern der Freiheit* am Vierwaldstätter See.
Juni	Entwurf der *Hymne an die Schönheit* in zehnzeiligen, symmetrisch gebauten Strophen.
September	Stäudlins *Musenalmanach fürs Jahr 1792* erscheint und wird schon am 20. von Schubart besprochen (vgl. Anm. zu *Melodie*). Nach Magenau verläßt auch Neuffer das Stift und wird Vikar in Stuttgart.
Herbst	Mit dem unvollendeten Entwurf einer *Hymne an den Genius Griechenlands* greift Hölderlin auf die freieren Formen von 1788 und 1789 zurück. Im Anschluß daran entsteht der gleichfalls aufgegebene Versuch, das Verhältnis zu Elise Lebret wieder zu lösen. Die nach Hölderlins späterem Geständnis ohne *tieferen Antheil* aufrechterhaltene Beziehung endet erst 1793, mit dem Weggang aus Tübingen.
15. November	Stäudlin, der Schubarts *Chronik* fortsetzt, ruft zu einer politisch engagierten Dichtung auf: *Wie kömmt es doch, (...) daß unsre besten poetischen Köpfe so selten den kühnen Sonnenflug des Adlers wählen (...) Man liest immer ein Duzend tändelnder, empfindsamer und erotischer Liedchen, bis man ein einziges erhabnes lyrisches Stük zu Gesichte bekommt, das eines Klopstoks, Uzens und Ramlers würdig wäre! – Möchten doch unsre Dichter Klopstoks grosses Wort beherzigen: / Die Dichter, die nur spielen, / Verstehen nicht, was sie, und was die Leser sind. / Der rechte Leser ist kein Kind; / Er mag sein männlich Herz viel lieber fühlen, / Als spielen. / Wie ausserordentlich reichen Stoff zu kühnen, auf alle Welt wirkenden Dichterwerken gibt nicht seit mehrern Jahren der Geist der Zeiten! und wie wenig wird er benüzt.* Hölderlin zitiert das Klopstocksche Epigramm noch Ende 1797 (in einem Brief an den Bruder) und schreibt es Franz Wilhelm Jung in den ersten Band des *Hyperion*.
28. November	Hölderlin berichtet Neuffer, wie schon öfters, von seiner unglücklichen Lage im Stift: ... *ich bin unbeschreiblich dumm und indolent. Selten giebts lucida intervalla* – gleichzeitig aber auch von der baldigen Fertigstellung der *Hymne an die Menschheit*.

Ende Februar	Hölderlin teilt Neuffer und Magenau mit, daß er ihnen die *Hymne an die Freundschaft* widmen wolle.
Anfang April	Bei einem Besuch in Stuttgart erhält Stäudlin diesmal sieben Gedichte: neben *Kanton Schweiz* (vgl. Bd. 3) die Hymnen an die *Schönheit*, die *Menschheit*, eine zweite an die *Freiheit*, an die *Liebe*, die *Freundschaft* und an den *Genius der Jugend*. Wenig später bittet Hölderlin Neuffer, eine Korrektur in der Druckvorlage der *Hymne an die Freiheit* zu besorgen. In Stuttgart auch Bekanntschaft mit der in Briefen zweimal genannten *holden Gestalt* (nach den Forschungen Adolf Becks die Braut Georg Kerners, der, als Anhänger der Revolution, nach Paris gegangen war). Zugleich auch Begegnung mit dem Griechen Panagiot Wergo, der ihn Mitte April in Tübingen besucht.
Mai	Plan des *Hyperion*.
Sommer	Im Feldzug der österreichisch-preußischen Koalition zur Wiederherstellung der absoluten Monarchie nehmen viele Tübinger Studenten die Partei der französischen Patrioten. Von Hegel, mit Schelling Stubengenosse Hölderlins, wird berichtet, er sei der *begeistertste Redner der Freiheit und Gleichheit* gewesen.
September	Die *Poetische Blumenlese für das Jahr 1793* erscheint. Hölderlin schreibt dem nach Jena wechselnden Jurastudenten Leo von Seckendorf die zweite Strophe der *Hymne an die Menschheit* ins Stammbuch; mit ihm tragen sich zwei politisch besonders engagierte Studenten aus der zu Württemberg gehörenden Enklave Mömpelgard (Montbéliard) ein. Plan eines *Hymnus an die Künheit*, wie er Neuffer schreibt, in *meinem Pflanzenleben (...) ein psychologisch Rätsel!*
November	Magenau berichtet Neuffer von einem Besuch Hölderlins: *Holz schreibt wirkl. an einem 2ten Donamar* (*Graf Donamar*, seit 1791 erscheinender Roman von Friedrich Bouterwek), *an Hyperion, der mir vieles zu versprechen scheint.*
1793	
Erstes Halbjahr	Hölderlin arbeitet am *Hyperion*.
27. Juni	Friedrich Matthisson, Neuffer und Stäudlin besuchen Hölderlin, der seinen *Hymnus an die Künheit* vorliest.
um den 21. Juli	Für ein geplantes Journal erhält Stäudlin ein umfangreiches Fragment des *Hyperion*; neben dem *Hymnus an die Künheit* auch ein Gedicht in freien Metren, aus welchem Stäudlin die Stelle hervorhebt: *An der... stehn, Wildharrend in der furchtbaren Rüstung, Jahrtausende.*
20. September	Examen; Hölderlin verläßt Tübingen.
um den 1. Oktober	Auf Empfehlung Stäudlins stellt sich Hölderlin dem in Ludwigsburg weilenden Schiller vor. Durch dessen Fürsprache bei Charlotte von Kalb erhält er die erste Hofmeisterstelle.
Ende November	Beginn der Hymne *Das Schiksaal*, die Ende Dezember, auf der Reise nach Franken, *beinahe zu Ende gebracht* wird.
28. Dezember	Ankunft in Waltershausen.

1794	
Januar	Hölderlin ist zunächst sehr mit seiner Tätigkeit und seinem Zögling, Fritz von Kalb, zufrieden. Freundschaft mit Charlotte von Kalbs Gesellschafterin, Wilhelmine Kirms, mit der es (nach den Ermittlungen von Adolf Beck) zu einem Verhältnis kommt.
März	Arbeit an den für die Stuttgarter Freunde bestimmten Gedichten *Griechenland*, *An Neuffer* und *An Rosine Städlin.* Schiller erhält die Hymne *Das Schiksaal*, über die er sich lobend äußert.
Oktober	Für eine Publikation durch Schiller arbeitet Hölderlin die *Hymne an den Genius der Jugend* um, wobei, mit der Umwandlung der aus dem Lied *An die Freude* entlehnten trochäischen in jambische Strophen, ein völlig neuer Text entsteht.
Anfang November	Nach zunehmenden pädagogischen Schwierigkeiten, vermutlich aber auch wegen Hölderlins *Hypochondrie* und anderen Umständen, veranlaßt Charlotte von Kalb einen Ortswechsel: Lehrer und Schüler ziehen nach Jena.
November	Im vorletzten Stück von Schillers *Neuer Thalia* überwiegen – mit dem *Fragment von Hyperion* und der Hymne *Das Schiksaal* – die Beiträge Hölderlins.
1795	
Mitte Januar	Nach einem letzten Versuch in Charlotte von Kalbs Weimarer Wohnung wird Hölderlin von seiner erzieherischen Aufgabe entbunden. Mit Geld für ein Vierteljahr versehen, zieht er zurück nach Jena. Im letzten Stück der *Thalia* stehen überarbeitete Fassungen von *Griechenland* und *Dem Genius der Kühnheit*.
Frühjahr	Von Schiller erhält Hölderlin den Auftrag, die Episode *Phaëton* aus Ovids *Metamorphosen* in Stanzen zu übertragen. Die Arbeit ist vergeblich, da Schiller etwa Mitte Mai, angeregt durch Goethes *Römische Elegien* und Herders Übertragung der lateinischen Odendichtung *Terpsichore* des süddeutschen Barockdichters Jakob Balde, seine Doktrin aufgab, daß dem Deutschen der Reim *eigenthümlich* sei (vgl. Bd. 6, Anm. zu *Der Wanderer*). Arbeit am *Hyperion*. Philosophische Studien und freundschaftlicher Umgang mit Isaak von Sinclair. Während der Jenenser Monate wird vermutlich – als Zeugnis der dichterischen Krise – die elegische Hymne *An die Natur* entworfen.
Juni	Fluchtartige Abreise aus Jena; über Heidelberg (wo Hölderlin, wohl auf Empfehlung Sinclairs, mit dem Naturforscher Johann Gottfried Ebel zusammentrifft) nach Nürtingen.
4. September	Hölderlin sendet die Gedichte *Der Gott der Jugend* und *An die Natur* an Schiller; nur das erste erscheint im *Musenalmanach 1796*; das zweite bleibt, nach einer kritischen Bemerkung Wilhelm von Humboldts, ungedruckt.
Dezember ?	Vermutlich als Reaktion auf den theoretischen Gehalt der Beiträge Schillers in den *Horen* entwirft Hölderlin das philosophisch-poetische Rätselgedicht *Die Unerkannte.*

Ende Dezember	Abreise nach Frankfurt, zu der von Ebel vermittelten Hauslehrerstelle bei Jakob Friedrich und Susette Gontard.
1796	
Frühjahr	Entwurf der vorläufig letzten drei Reimgedichte *An Herkules*, *An die klugen Rathgeber* und *Diotima*.
24. Juli	Aus Kassel, wohin Susette Gontard vor den anrückenden Franzosen ausgewichen war, sendet Hölderlin Schiller die beiden letztgenannten Gedichte (wahrscheinlich auch *Die Unerkannte* und *Die Eichbäume*), die jedoch für den *Musenalmanach 1797* zu spät kommen.
24. November	Schiller kritisiert die von Hölderlin zurückerbetenen Gedichte und behält sie, um noch seine *Bemerkungen beyzuschreiben* (vgl. seine redigierte Fassung von *An die klugen Rathgeber*): *Fliehen Sie wo möglich die philosophischen Stoffe, sie sind die undankbarsten, und in fruchtlosem Ringen mit denselben verzehrt sich oft die beßte Kraft, bleiben Sie der Sinnenwelt näher, so werden Sie weniger in Gefahr seyn, die Nüchternheit in der Begeisterung zu verlieren, oder in einen gekünstelten Ausdruck zu verirren. / Auch vor einem Erbfehler deutscher Dichter möchte ich Sie noch warnen, der Weitschweifigkeit nehmlich, die in einer endlosen Ausführung und unter einer Fluth von Strophen oft den glücklichsten Gedanken erdrückt. Dieses thut Ihrem Gedicht an Diotima nicht wenig Schaden. Wenige bedeutende Züge in ein einfaches Ganzes verbunden, würden es zu einem schönen Gedichte gemacht haben.*
1797	
16. Februar	Hölderlin schickt das Lied *Diotima* an Neuffer: *Ich habe schon oft genug geweint und gezürnt über unsere Welt, wo das Beste nicht einmal in einem Papiere, das man einem Freunde schikt, sich nennen darf. Ich lege Dir ein Gedicht an Sie bei, das ich zu Ende des vorigen Winters machte.*
10. Juli	Wiederum an Neuffer: *Ich habe das Gedicht, an Diotima, das ich Dir das leztemal schikte, schon für Schillern bestimmt, ich kann es also nicht wohl in dem Langischen Allmanache druken lassen, und weil das Exemplar, das Du hast, das korrekteste ist, und ich keine Abschrift davon habe, so bitt' ich Dich, im Zutrauen auf Deine Nachsicht, mir eine Kopie davon so bald Dir nur möglich ist, zu schiken, weil es sonst zu spät seyn möchte, es an den Mann zu bringen.*
Anfang August	Hölderlin arbeitet das *Diotima*-Lied um und wählt hierzu – nicht ohne Ironie – die zwölfzeilige Strophenform der im *Musenalmanach 1797* erschienenen *Klage der Ceres*, auf die jene von Schiller konstatierte *Weitschweifigkeit* mindestens ebenso zuträfe. Auch das Gedicht *An die klugen Rathgeber* wird neu gefaßt und mit dem anderen, Mitte August, an Schiller geschickt. Im *Musenalmanach 1798* erscheint jedoch nur der zuvor eingesandte hexametrische Hymnus *An den Aether*.

1798	
25. September ?	Hölderlin verläßt das Haus Gontard und zieht nach Homburg.
1799	
Ende Juli	Nach der Idylle *Emilie vor ihrem Brauttag* erhält Neuffer für sein *Taschenbuch 1800*, neben einigen Oden, auch die von Schiller nicht gedruckte Neufassung von *Diotima*.
1800	
Anfang Juni	Rückkehr nach Württemberg.
1801	
Frühjahr	Anfang Januar tritt Hölderlin eine Hofmeisterstelle in Hauptwil (Kanton St. Gallen) an, die er im April, vielleicht auf eigenen Wunsch, wieder aufgibt.
Sommer und Herbst	Zumeist in Nürtingen; Vorbereitung einer Gedichtsammlung für Cotta. Es entstehen die letzten Elegien und Oden, zugleich die ersten *vaterländischen Gesänge*.
Ende Oktober	Hölderlin nimmt eine Hofmeisterstelle in Bordeaux an.
4. Dezember	Abschiedsbrief an Casimir Ulrich Böhlendorff: ... *sie können mich nicht brauchen.*
11. Dezember	Der Freund Christian Landauer feiert in Stuttgart, wie immer in großer Gesellschaft, seinen Geburtstag. Hölderlin überreicht sein Lied *An Landauer* und bricht am nächsten Morgen nach Frankreich auf.

Zur Edition

Hölderlin hat nicht nur die abgeschlossenen Texte, sondern auch deren Vorstufen sorgfältig aufbewahrt. Darum erfaßt eine Edition, die sich an den Reinschriften und an der verhältnismäßig geringen Anzahl autorisierter Texte orientiert, zwar einen wichtigen Teil, doch nie das Ganze des Werks und seinen besonderen Charakter. Indem eine solche textstatische Edition das Eigentümliche des Entwurfs ausklammert – die Entfaltung und den Widerruf der Gedanken, die Illumination des Sinns durch Metaphern und deren Reduktion zur Chiffre, die Entwicklung und die Auflösung artifizieller Formen – beharrt sie auf einer von Hölderlin selbst aufgegebenen Vollendungsästhetik und tilgt auf diese Weise die in der Gestalt des Werks sich ereignende Wahrheit. Denn gerade dies Ausgesonderte, die prozessualen, reduktiven und fragmentarischen Momente, das folgerichtig Widersprüchliche eines Entwurfs, der in sich selbst zurückgeht, bildet die *Göttersprache*, das *Wechseln und das Werden*, aber auch die Form menschlicher Erfahrung, die *Noth und das Irrsaal*, in jenseits der Sprache liegenden Entsprechungen nach. Mit dem Editionsmodell der Frankfurter Hölderlin-Ausgabe (FHA), mit den dort revidierten, vollständigen und zu weiten Teilen erstmals edierten Texten, wird jene Dimension erschlossen. Weil jedoch die neugeschaffene Grundlage einer veränderten, adäquaten Hölderlin-Lektüre nicht dem verhältnismäßig engen Kreis der Benutzer einer solchen Edition vorbehalten bleiben darf, weil diese Dichtung vielleicht jetzt erst das *Vaterland unmit-*

telbar angehn soll oder die Zeit, erscheint nun die Kritische Textausgabe (KTA). In handlichem Format folgt sie der Einteilung und den Texten der FHA, übernimmt die lineare Darstellung der Textgenese, verzichtet aber auf die Wiedergabe der Faksimiles und deren Umschrift. Dafür werden die Bände der KTA mit einer einleitenden Übersicht, mit einer auf den Inhalt des jeweiligen Bandes bezogenen Zeittafel und mit erweiterten Werkkommentaren ausgestattet. Als Supplement zu beiden Ausgaben erscheint zum Schluß eine Hölderlin-Enzyklopädie, in welcher die wichtigsten Chiffren und Begriffe, alle Namen und Mythologeme erfaßt und kommentiert werden.

Schriftarten, Zeichen und Abkürzungen

Der in der *differenzierten Umschrift* der FHA räumlich abgebildete Textbefund wird in der *linearen Textdarstellung* als chronologische Textfolge entwickelt. Die Kategorien der Textentstehung – Konzept, Entwurf, Reinschrift, Überarbeitung – sind mit römischer Ziffer gezählt. Innerhalb diesen zuweilen nochmals unterteilten *Textphasen* werden die *Varianten* eines Textsegments – Vers oder Linie – durch kleinere Variantenziffern gezählt und so angeordnet, daß sie sowohl in ihrem chronologischen, als auch im textlogischen Zusammenhang lesbar werden. Anordnung und Zählung sind grundsätzlich hypothetisch. Aus den jeweils mit schwerer Type hervorgehobenen Varianten ergibt sich die Textkonstitution einer Phase.

Text	aufgegebener Text
Text	innerhalb einer Phase gültiger Text
Text	Konzepte innerhalb einer Phase
Text	Basistext (frühere Textkonstitution) bei Überarbeitungen
Text (Antiqua I)	alternative Textkonstitution oder Zitat
Antiqua II	editorische Bemerkung
$_1$**Te**k $_2$**xte und** Stufen $_3$**Varianten**	Variantenziffern und Textanordnung; unterlagerter Text gilt als aufgegeben; die Variantenstufen ergeben sich aus der Reihe nicht unterlagerter Texte.
Text ↑	Verdeutlichung des Textanschlusses
Text ǀ ǀ	ersatzlose Streichung des darüberstehenden Textes
[ ]	konjizierte Streichung
[Text]	editorische Ergänzung oder Wiederholung eines in der Handschrift nur einmal notierten Textsegments
Text ↓ v. 30_4	versübergreifende Variante mit
↑$_4$Text	Gegenpfeil als Anschlußvermerk
30	Zahlenreihe am Rand: Vers/Linienzählung innerhalb einer Phase in Höhe der letzten Variantenzeile
30a	selbständige Vers/Linienvorstufe
30*a*	alternative Vers/Linienkonstitution
[30]	Konzepttext

Die in der linearen Textdarstellung entwickelten *Textstufen* stehen jeweils am Ende einer Textphase. Ergibt sich keine wesentliche Abweichung zu vorhergehenden oder folgenden Textstufen, wird auf einen Textdruck verzichtet. Schließt die Entwicklung eines *Textkomplexes* mit einer Reinschrift oder einem autorisierten Druck ab, wird diese letzte Textstufe in größerer Type gedruckt.

emendierter Text	von Schreibversehen, Druckfehlern und erkennbaren Fremd-

	eingriffen gereinigter Text
konstituierter Text	aus der linearen Darstellung einer nicht ins Reine geschriebenen Handschrift abgeleiteter Text
differenzierter Text	typographisch qualifizierte Wiedergabe eines redigierten Drucks; Abweichungen von der Vorlage oder einer vergleichbaren Textstufe erscheinen in ***kleiner kursiver Type,*** abweichende Zeichen in [ ]; erschließbare Änderungen Hölderlins sind durch kleine Antiqua gekennzeichnet.

Editorische Abkürzungen

Hs	Handschrift
Hd	Hand
D10	Verzeichnis der Drucke mit Hölderlin-Texten 1792-1846 *
Bl.	Blatt
Dbl.	Doppelblatt
210/3	Kennziffer und Seitenangabe der Handschrift *
recto	Vorderseite (rechts)
verso	Rückseite (links)
v.	Vers (versus)
l.	Linie (linea; Zeile in Prosaentwürfen)
Z.	Zeile
T	Titel
mglw.	möglicherweise (schwächere Hypothese)
vmtl.	vermutlich (stärkere Hypothese)

* vgl. Bd. 20: ***Quellenverzeichnis***

Editionsbeispiel

Der Entwurf des Lieds *An Landauer* ist im *Stuttgarter Foliobuch* (6/47,46) überliefert.

$_1$Aus Freude des Herzens
$_2$Doch sieh! a**us Freude** **singen wir von Sorgen,**
$_3$| |[A] Lieber!
$_4$**Vater!** 13
$_1$Denn
$_2$**Wie dunkler Wein,** gefallt **auch ernster Sang,**
$_3$Doch freut [ ]
[ ] $_4$**erfreut** 14
Das Fest verhallt, und jedes gehet morgen 15
$_1$**Auf** schmalem Pfade **seinen Gang.**
$_2$vestem
$_3$**schmaler Erde** 16

Die lineare Textdarstellung der letzten Strophe erfaßt zunächst nur den zur Entwurfsphase I gehörenden Text. Sie ist so zu lesen, daß sich für jeden Vers ebensoviele Formulierungen ergeben wie Variantenziffern angegeben sind. Bei einer weitergehenden Lesearbeit lassen sich jedoch auch jene zusammenhängend gelesenen Versvarianten zu ganzen Strophenvorstufen verbinden – eine Möglichkeit, die in diesem Beispiel vom Leser zu realisieren ist. An gesicherteren Stellen ist auf solche Beziehungen durch Pfeile ↓ und Gegenpfeile ↑ hingewiesen.

Wahrscheinlich erste Notiz zur letzten Strophe:

Aus Freude [– ᴗ –] *des Herzens*
Denn

Erste vollständige Niederschrift der letzten Strophe:

Doch sieh! aus Freude singen wir von Sorgen,
Wie dunkler Wein, gefallt auch ernster Sang,
Das Fest verhallt, und jedes gehet morgen
Auf schmalem Pfade seinen Gang.

Bei der nun folgenden Überarbeitung (ausgelöst vielleicht von dem störenden Binnenreim *gefallt – verhallt*) wird jenes *gefallt* (14_2) durch den neuen Versbeginn *Doch freut* (14_3) ersetzt. Danach muß aber der Anfang der ersten Zeile *Doch sieh!* (13_2) aufgehoben werden. Hölderlin kommt dabei auf die Wortfügung der ersten Notiz zurück:

Aus Freude Lieber! singen wir von Sorgen,

Dann jedoch scheint es dem Dichter besser, eine doppelsinnige Anrufung zu wählen:

Aus Freude Vater! singen wir von Sorgen,
Doch freut wie dunkler Wein, auch ernster Sang,

Mit dem Rückgriff auf die ursprüngliche Versstruktur (14_2) wird die zweite Zeile nochmals geändert, wiederum ohne Streichungen (die editorisch durch [ ] ergänzt sind):

Aus Freude Vater! singen wir von Sorgen,
Wie dunkler Wein, erfreut auch ernster Sang,

Für die Änderungen im letzten Vers lassen sich keine Beziehungen zu den vorigen Korrekturen nachweisen; sie könnten ebensogut unmittelbar nach der ersten Niederschrift entstanden sein. In solchem Zweifel wird immer die räumliche Anordnung – das heißt der normale Schriftverlauf – mit der anders unbestimmbaren Variantenfolge gleichgesetzt. Der geänderte Schlußvers lautet zunächst:

Auf vestem Pfade seinen Gang.

Dann erst:

Auf schmaler Erde seinen Gang.

Demgemäß lautet der konstituierte Text I, v. 13-16:

Aus Freude Vater! singen wir von Sorgen,
Wie dunkler Wein, erfreut auch ernster Sang,
Das Fest verhallt, und jedes gehet morgen
Auf schmaler Erde seinen Gang.

Ihre endgültige Gestalt erhält die Strophe erst bei einer Erweiterung und Überarbeitung des Entwurfs I.

21 Aus Freude Vater! singen wir von Sorgen,
22-24 **Und sieh! aus Freude sagen wir**
wie I, v. 14-16

Bei Überarbeitungen wird die Basiszeile in der Antiqua der zuvor konstituierten Textstufe gesetzt. Wegen des Textzuwachses in dieser Entwurfsphase verschiebt sich die Verszählung. Der Schluß des Gedichts bleibt unverändert und wird deshalb nicht nochmals dargestellt.

Burg Tübingen

Der nicht ganz zu Ende korrigierte Entwurf bereitet stilistisch die ersten Tübinger Hymnen von 1790 vor; auch dem Inhalt nach dürfte er im Winter 1789/90 entstanden sein. Motiv und Szenerie erinnern an Schilderungen der Felshöhe bei Nürtingen in dem hexametrischen Gedicht *Die Tek* und in der ungebundenen Hymne *Am Tage der Freundschaftsfeier* (vgl. Bd. 1), aber auch an ähnliche Gedichte aus dem schwäbischen Umkreis: *Stauffen* des frühverstorbenen Johann Jakob Thill; *Schloß Württemberg* des damals als Repetent im Stift tätigen Carl Philipp Conz; *Elegie, in den Ruinen eines alten Bergschlosses geschrieben* von Friedrich Matthisson.

I (und II)

Niederschrift mit Sofortkorrekturen und Ansätzen zur Überarbeitung (II).

Burg Tübingen. T
Still und öde steht der Väter Veste, 1
$_1$Grau **und moosbewachsen Pfort' u**[nd] **Turm,**
$_2$**Schwarz** 2
$_1$**Durch der Felsenwände** eh'rne **Reste**
$_2$**trübe** 3
Saußt um Mitternacht der Wintersturm, 4
$_1$Der Gemache
$_2$**Dieser schaurigen Gemache Trümmer** 5
Heischen sich umsonst ein Siegesmaal 6
$_1$S
$_2$**Und des Schlachtgeräthes Heiligtümer** 7
$_1$**Schlummern Todesschlaf im Wa**p
$_2$**ffensaal.** 8
Strophenfuge.
Hier ertönen keine Festgesänge 9
$_1$**Lo**p
$_2$**bzupreisen Manas Heldenland** 10
$_1$**Keine Fahne weht im S**p
$_2$**iegsgepränge** 11
$_1$**Hochgehoben in de**r **Kriegers Hand,**
$_2$ll
[s] 12
Keine Rosse wiehern in den Thoren 13
Bis die Edeln zum Turniere nah'n 14
$_1$**Keine Doggen**,
$_2$**, treu, und auserkoren** 15
Schmiegen sich den blanken Panzern an. 16
Strophenfuge.
$_1$**Bei des H**üf **thorns** frölichem **Getöne**
$_2$**ief** $_3$**schallendem** 17
Zieht kein Fräulein in der Hirsche Thal, 18
Siegesdurstend gürten keine Söhne 19
$_1$**Um die Lenden ihrer Väter Sta**h
$_2$**l,** 20
Keine Mütter jauchzen von der Zinne 21
$_1$**Ob der** Söhne k
$_2$**Knaben stolzer Wiederkehr,** 22
$_1$**Und den ersten Kuß** getreuer **Minne**
$_2$**verschämter** 23
$_1$**Weihn der Narbe keine** Mädchen **mer.**
$_2$**Bräute**.
[] 24

Auf S. 2 stehen Flötennoten; Fortsetzung deshalb auf S.4 des Doppelblatts.

25 Aber schaurige Begeisterungen
Wekt die Risen in des Enkels Brust
26 [esin]
$_{1}$Sänge, die de
$_{2}$Väter Mund gesungen
27 [der]
28 Zeugt der Wehmuth zauberische Lust,
29 Ferne von dem thörigen Gewühle,
30 Von dem Stolze der Gefallenen,
31 Dämmern niegeahndete Gefüle
32 In der Seele des Begeisterten.
Die drei medium gesetzten Verse sind später zur Änderung angemerkt (II).
Strophenfuge.
33 Hier in Schatten grauer Felsenwände,
34 Von des Städters Bliken unentweiht,
Knüpfe Freundschaft deutsche Biederhande
35 [ä]
36 Schwöre Liebe für die Ewigkeit,
$_{1}$H
$_{2}$Hier wo G
37 $_{3}$Heldenschatten niederrauschen
38 Traufe Vaterseegen auf den Sohn
39 Wo den Lieblingen die Geister lauschen
Der Beginn von v. 37 und 39 vmtl. zur Änderung unterstr. (II).
$_{1}$Sch
40 $_{2}$preche Freiheit den Tyrannen Hohn!
Strophenfuge.
41 Hier verweine die verschloßne Zähre
42 Wer umsonst nach Menschenfreude ringt
$_{1}$D
43 $_{2}$Wen die Krone nicht der Bardenehre
44 Nicht des Liebchens Schwanenarm umschlingt,
$_{1}$Wer Z
45 $_{2}$von Zweifeln one Rast gequälet,
46 Von des Irrtums peinigendem Loos,
47 Schlummerlose Mitternächte zäh[l]et,
48 Komme zu genesen in der Ruhe Schoos.
Das überzählige Metrum ist nachträglich zur Änderung angemerkt (II).
Fortsetzung recto (neue Strophe).
$_{1}$Aber wen
49 $_{2}$r des Bruders Fehle rüget
$_{1}$Mit der Schlangenzunge losen
50 $_{2}$m Spott
$_{1}$F
$_{2}$Wen
51 $_{3}$m für Adeltaten Gold genüget
$_{1}$Sei er Sclave,
52 $_{2}$oder Erdengott
$_{1}$Er entweihe nicht,
53 $_{2}$die heilge Reste
$_{1}$W
54 $_{2}$Die der Väter stolzer Fuß betratt,
55 Oder walle zitternd zu der Veste
56 Abzuschwören da der Schande Pfad.
Strophenfuge.
$_{1}$Denn,
57a $_{2}$der Heldenkinder Herz zu stählen
$_{1}$Weht begeisternd W
58a $_{2}$hier Walhallas Luft,
59a Und es wachen hier der Väter Seelen

$_1$**Log**
$_2$**sgewunden von der Schlummergl**
$_3$**gruft,** 60a
Neuansatz nach Strophenfuge.
Denn der Heldenkinder Herz zu][**stählen** 57
$_1$We
$_2$**Atmet Freiheit** **und** m
$_4$**hier** $_3$**Männermuth** 58
In der Halle weilen Väterseelen 59
$_1$**Sich zu freuen ob Thui**k
$_2$**skons Blut,** 60
Aber ha! den Spöttern und Tyrannen 61
Weht Entsezen ihr Verdammerspruch 62
Rache dräuend jagt er sie von dannen 63
$_1$**Des Gewissens fir**h
$_2$**chterlicher Fluch**[.] 64
Fortsetzung verso; wegen der früher notierten Flötennoten quer (neue Strophe).
Wohl mir! daß ich süßen Ernstes scheide, 65
Daß die Harfe schrekenlos ertönt 66
Daß ein Herz mir schlägt fu**r Menschenfreude**
[ü] 67
Daß die Lippe nicht der Einfalt höhnt 68
$_1$**Süßen Ernste**n
$_2$**s will ich wiederkehren** 69
$_1$**Einzu**atmen **freien Männermuth**
$_2$**trinken** 70
Bis umschimmert von den Geisterheeren 71
$_1$**In** J
$_2$**Walhallas Schoos die Seele ruht.** 72

II
Nachträgliche Korrekturen und Korrekturansätze (vgl. I, Verszählung).
Korrekturen:
2_2, 3_2, $17_{2\cdot3}$, 23_2, 24_2, 70_2
Korrekturansätze:
30-32, 37_2, 39, 48; außerdem kurze waagrechte Striche vor 17_1 (geändert) und 20 (ohne Änderung).

Konstituierter Text I/II

Burg Tübingen.

Still und öde steht der Väter Veste,
Schwarz und moosbewachsen Pfort' und Turm,
Durch der Felsenwände trübe Reste
Saußt um Mitternacht der Wintersturm,
Dieser schaurigen Gemache Trümmer
Heischen sich umsonst ein Siegesmaal
Und des Schlachtgeräthes Heiligtümer
Schlummern Todesschlaf im Waffensaal.

Hier ertönen keine Festgesänge
Lobzupreisen Manas Heldenland

Keine Fahne weht im Siegsgepränge
Hochgehoben in des Kriegers Hand,
Keine Rosse wiehern in den Thoren
Bis die Edeln zum Turniere nah'n
Keine Doggen, treu, und auserkoren
Schmiegen sich den blanken Panzern an.

Bei des Hiefthorns schallendem Getöne
Zieht kein Fräulein in der Hirsche Thal,
Siegesdurstend gürten keine Söhne
Um die Lenden ihrer Väter Stal,
Keine Mütter jauchzen von der Zinne
Ob der Knaben stolzer Wiederkehr,
Und den ersten Kuß verschämter Minne
Weihn der Narbe keine Bräute mer.

Aber schaurige Begeisterungen
Wekt die Riesin in des Enkels Brust
Sänge, die der Väter Mund gesungen
Zeugt der Wehmuth zauberische Lust,
Ferne von dem thörigen Gewühle,
Von dem Stolze der Gefallenen,
Dämmern niegeahndete Gefüle
In der Seele des Begeisterten.

Hier im Schatten grauer Felsenwände,
Von des Städters Bliken unentweiht,
Knüpfe Freundschaft deutsche Biederhände
Schwöre Liebe für die Ewigkeit,
Hier wo Heldenschatten niederrauschen
Traufe Vaterseegen auf den Sohn
Wo den Lieblingen die Geister lauschen
Spreche Freiheit den Tyrannen Hohn!

Hier verweine die verschloßne Zähre
Wer umsonst nach Menschenfreude ringt
Wen die Krone nicht der Bardenehre
Nicht des Liebchens Schwanenarm umschlingt,
Wer von Zweifeln one Rast gequälet,
Von des Irrtums peinigendem Loos,

Schlummerlose Mitternächte zählet,
Komme zu genesen in der Ruhe Schoos.

Aber wer des Bruders Fehle rüget
Mit der Schlangenzunge losem Spott
Wem für Adeltaten Gold genüget
Sei er Sclave oder Erdengott
Er entweihe nicht die heilge Reste
Die der Väter stolzer Fuß betratt,
Oder walle zitternd zu der Veste
Abzuschwören da der Schande Pfad.

Denn der Heldenkinder Herz zu stählen
Atmet Freiheit hier und Männermuth
In der Halle weilen Väterseelen
Sich zu freuen ob Thuiskons Blut,
Aber ha! den Spöttern und Tyrannen
Weht Entsezen ihr Verdammerspruch
Rache dräuend jagt er sie von dannen
Des Gewissens firchterlicher Fluch.

Wohl mir! daß ich süßen Ernstes scheide,
Daß die Harfe schrekenlos ertönt
Daß ein Herz mir schlägt für Menschenfreude
Daß die Lippe nicht der Einfalt höhnt
Süßen Ernstes will ich wiederkehren
Einzutrinken freien Männermuth
Bis umschimmert von den Geisterheeren
In Walhallas Schoos die Seele ruht.

Lied der Freundschaft

Mit den zwei Jahre vor ihm ins Tübinger Stift eingetretenen Freunden Rudolf Magenau und Ludwig Neuffer schließt Hölderlin einen Dichterbund. Der erste *Aldermannstag* – nach dem Muster von Klopstocks *Gelehrtenrepublik* – fand vielleicht am 9. März 1790 statt. Magenau berichtet über diese Zusammenkünfte in einer biographischen Skizze: *Um so weit vorzuringen, als möglich, errichteten wir, Ich, Neuffer u. Hölderlin eine Anstalt, die biß ans Ende unsres Aufenthaltes zu Tüb. fortwährte. Wir versammelten uns nehmlich wöchentlich einmal, des Donnerstages bei einem Becher Weins oder Bier, und da mußte jeder ein Gedicht sr. Muße vorlesen, das er den Tag zuvor jedem der Gesellschaft schriftlich übergeben hatte. Frei zu urtheilen war jedem erlaubt, ja es war erste Pflicht. Zu diesem Ende war ein eigenes Buch bereit, in welches die Gedichte, wenn sie gesichtet waren, eingeschrieben wurden. Mit jeder Woche wurde von uns dreien einer zum Aldermanne gewählt. Dieser durfte den zwei andern, sich selber nicht vergessend, ein Them zu einer ästhetischen Abhandlung anweisen, u. vorschlagen, welche alsdenn bei der nächsten Sizzung abgelesen werden mußte.* Im *Bundesbuch* sind jedoch nur noch zwei weitere *Aldermannstage* – am 20. April und am 1. Juni 1790 – belegt.

I
Reinschrift im *Bundesbuch*.
Varianten: 8 $_1$**au**ch$_2$**s** 17 $_1$**El**i$_2$**ysens** 41 $_1$mit $_2$**bei Bechern**

Unemendierter Text I

Lied der Freundschaft.

Am Tage der Einweihung eingeschrieben.

Frei, wie Götter an dem Mahle,
Singen wir um die Pokale,
Wo der edle Trank erglüht,
Voll von Schauern, ernst und stille,
In des Dunkels heil'ger Hülle
Singen wir der Freundschaft Lied.

Schwebt herab aus külen Lüften,
Schwebet aus den Schlummergrüften,
Helden der Vergangenheit!
Kommt in unsern Krais hernieder,
Staunt und sprecht: Da ist sie wieder
Unsre deutsche Herzlichkeit.

Singe von ihr Jubellieder
Von der Wonne deutscher Brüder,

Chronos! in dem ew'gen Lauf;
Singe, Sohn der Afterzeiten!
Sing': Elysens Herrlichkeiten
Wog ein deutscher Handschlag auf.

Ha! der hohen Götterstunden!
Wann der Edle sich gefunden,
Der für unser Herz gehört;
So begeisternd zu den Höhen,
Die um uns, wie Riesen, stehen!
So des deutschen Jünglings werth!

Froher schlägt das Herz, und freier!
Reichet zu des Bundes Feier
Uns der Freund den Becher dar;
Ohne Freuden, ohne Leben
Erndtet' er Lyäus Reben
Als er ohne Freunde war.

Stärke, wenn Verläumder schreien
Warheit, wenn Despoten dräuen
Männermuth im Misgeschik,
Duldung, wenn die Schwachen sinken,
Liebe, Duldung, Wärme trinken
Freunde von des Freundes Blik.

Sanfter athmen Frülingslüfte,
Süßer sind der Linde Düfte,
Küliger der Eichenhain,
Wenn bekränzt mit jungen Rosen
Freunde bei den Bechern kosen
Freunde sich des Abends freu'n.

Brüder! laßt die Thoren sinnen,
Wie sie Fürstengunst gewinnen,
Häufen mögen Gut und Gold;
Lächelnd kans der Edle missen,
Sich geliebt, geliebt zu wissen
Diß ist seiner Thaten Sold.

Schmettert aus der trauten Halle
Auch die Auserwälten alle
In die Ferne das Geschik;
Wandelt er mit Schmerz beladen
Nun auf freundelosen Pfaden
Schwarzen Gram im bangen Blik;

Wankt er, wenn sich Wolken türmen,
Wankt er nun in Winterstürmen
Ohne Leiter, ohne Stab;
Lauscht er abgeblaicht und düster
Bangem Mitternachtsgeflüster
Ahndungsvoll am frischen Grab;

O da kehren all' die Stunden,
So in Freundesarm verschwunden,
Unter Schwüren, wahr, und warm,
All' umfaßt mit sanftem Sehnen
Seine Seele, süße Tränen
Schaffen Ruhe nach dem Harm.

Rauscht ihm dann des Todes Flügel;
Schläft er ruhig unter'm Hügel,
Wo sein Bund den Kranz ihm flicht;
In die Loken seiner Brüder
Säuselt noch sein Geist hernieder,
Lispelt leis: Vergeßt mich nicht!

II
Reinschrift einer Umarbeitung auf der Basis von I.
Varianten: 3 $_1$**erg**h $_2$**lüht** 15 $_1$**un**s (Schluß-s) $_2$**ser** 26 $_1$**Tage**,$_2$**?** p$_3$**beugt** 30 $_1$S$_2$**Bruder** 48 $_1$**F**r$_2$**leußt** 60 $_1$e$_2$**Einer** 70 $_1$All$_2$**Still** (vgl. I, v. 64) 71 $_1$s$_2$**winken**
Emendation bei: 4 a**m in Arm**: [Ar]**m in Arm**

Emendierter Text II

Lied der Freundschaft.

Wie der Held am Siegesmahle
Ruhen wir um die Pokale

Wo der edle Wein erglüht,
Feurig Arm in Arm geschlungen
Trunken von Begeisterungen
Singen wir der Freundschaft Lied.

Schwebt herab aus külen Lüften
Schwebet aus den Schlummergrüften
Helden der Vergangenheit!
Kommt in unsern Krais hernieder
Staunt und sprecht: da ist sie wieder
Unsre deutsche Herzlichkeit!

Uns ist Wonne, Gut und Leben
Für den Edlen hinzugeben,
Der für unser Herz gehört,
Der zu groß, in stolzen Reigen
Sich vor eitlem Tand zu beugen,
Gott und Vaterland nur ehrt.

Schon erhebt das Herz sich freier,
Wärmer reicht zur frohen Feier
Schon der Freund den Becher dar,
Ohne Freuden, ohne Leben
Kostet' er den Saft der Reben,
Als er ohne Freunde war.

Bruder! schleichen bang und trübe
Deine Tage? beugt der Liebe
Folterpein das Männerherz?
Stürzt im heißen Durst nach Ehre

Dir um Mitternacht die Zähre?
Bruder seegne deinen Schmerz!

Könten wir aus Götterhänden
Freuden dir und Leiden spenden
Ferne wärst du da von Harm
Weiser ist der Gott der Liebe
Sorgen giebt er bang und trübe,
Freunde giebt er treu und warm.

Stärke, wenn Verläumder schreien
Warheit, wenn Despoten dräuen,
Männermuth im Misgeschik
Duldung, wenn die Schwachen sinken
Liebe, Duldung, Wärme trinken
Freunde von des Freundes Blik.

Lieblich, wie der Sommerregen
Reich, wie er, an Erndteseegen
Wie die Perle klar und hell,
Still, wie Edens Ströme gleiten,
Endlos, wie die Ewigkeiten
Fleußt der Freundschaft Silberquell.

Drum, so wollen, eh die Freuden
Trennungen und Tode neiden
Wir im hehren Eichenhain
Oder unter Frülingsrosen
Wenn am Becher Weste kosen
Würdig uns der Freundschaft freu'n.

Rufet aus der trauten Halle
Auch die Auserwälten alle
In die Ferne das Geschik,
Bleibt, auf freundelosen Pfaden
Hinzugeh'n mit Schmerz beladen
Tränend Einer nur zurük.

Wankt er nun in Winterstürmen
Wankt er, wo sich Wolken türmen
Ohne Leiter, ohne Stab;
Lauscht er abgeblaicht und düster
Bangem Mitternachtsgeflüster
Ahndungsvoll am frischen Grab;

O da kehren all die Stunden
Lächelnd, wie sie hingeschwunden
Unter Schwüren, wahr und warm,
Still und sanft, wie Blumen sinken
Ruht er, bis die Väter winken
Dir, Erinnerung! im Arm.

Rauscht ihm dann des Todes Flügel,
Schläft er ruhig unter'm Hügel
Wo sein Bund den Kranz ihm flicht
In den Lokken seiner Brüder
Säuselt noch sein Geist hernieder
Lispelt leis: vergeßt mich nicht!

Lied der Liebe
Hymne an die Liebe

Hölderlin hat dieses Lied zum 20. April in das *Bundesbuch* eingeschrieben und, im Gegensatz zu den beiden anderen Einträgen (*Lied der Freundschaft* und *An die Stille*), später für Stäudlins *Blumenlese 1793* zur Hymne umgearbeitet. Die zweite Fassung wurde von Neuffer, sicher eigenmächtig, an Marianne Ehrmanns *Einsiedlerinn 1793* gesandt, nachdem jene Überarbeitung schon im Druck erschienen war. Die Abweichungen vom Text des *Bundesbuches* dürften der Differenz zwischen den beiden Reinschriften von *Lied der Freundschaft* entsprechen, doch sind hier – wie in allen Veröffentlichungen Neuffers – zusätzliche Eingriffe anzunehmen.

I
Reinschrift im *Bundesbuch*.
Varianten: 12 **Von dem hohen Wesenband!** mglw. zur Änderung unterstr. (vgl. II)
23 $_1$Gruft $_2$Kl $_3$**+Kluft** 27 $_1$L $_2$**Donner** 30 $_1$**Sterne**n $_2$n gestr. 44 $_1$d $_2$**Richter**

Unemendierter Text I

Lied der Liebe.
Am zwoten Aldermannstage.

Engelfreuden ahndend wallen
Wir hinaus auf Gottes Flur
Wo die Jubel wiederhallen
In dem Tempel der Natur;
Heute soll kein Auge trübe,
Sorge nicht hienieden sein,
Jedes Wesen soll der Liebe
Wonniglich, wie wir, sich freu'n.

Singt den Jubel, Schwestern! Brüder!
Vestgeschlungen! Hand in Hand!
Singt das heiligste der Lieder
Von dem hohen Wesenband!
Steigt hinauf am Rebenhügel,
Blikt hinab ins Schattenthal!
Überall der Liebe Flügel,
Wonnerauschend überall!

Liebe lehrt das Lüftchen kosen
Mit den Blumen auf der Au,
Lokt zu jungen Frülingsrosen
Aus der Wolke Morgenthau

Liebe ziehet Well' an Welle
Freundlichmurmelnd näher hin,
Leitet aus der Kluft die Quelle
Sanft hinab ins Wiesengrün.

Berge knüpft mit ehr'ner Kette
Liebe an das Firmament,
Donner ruft sie an die Stätte
Wo der Sand die Pflanze brennt,
Um die hehre Sonne leitet
Sie die treuen Sterne her,
Folgsam ihrem Winke gleitet
Jeder Strom ins weite Meer.

Liebe wallt in Wüsteneien,
Höhnt des Dursts im dürren Sand,
Sieget, wo Tyrannen dräuen,
Steigt hinab ins Todtenland;
Liebe trümmert Felsen nieder
Zaubert Paradiese hin,
Schaffet Erd und Himmel wieder
Göttlich, wie im Anbeginn.

Liebe schwingt den Seraphsflügel
Wo der Gott der Götter wohnt
Lohnt den Schweis am Felsenhügel
Wann der Richter einst belohnt,
Wann die Königsstühle trümmern,
Hin ist jede Scheidewand
Adelthaten heller schimmern
Reiner, denn der Krone Tand.

Mag uns jezt die Stunde schlagen
Jezt der lezte Othem weh'n!
Brüder! drüben wird es tagen,
Schwestern! dort ist Wiedersehn;
Jauchzt dem heiligsten der Triebe,
Die der Gott der Götter gab,
Brüder! Schwestern! jauchzt der Liebe!
Sie besieget Zeit und Grab!

II
Mglw. leicht redigierter Druck in Marianne Ehrmanns *Einsiedlerinn* 1793, IV, 12 (D3).
Emendationen bei: 15 *Ueberall* 19 *Frühlingsrosen* 41 *der Seraphsflügel* 53 *Heiligsten*
Zweifelhafte Abweichungen von I und III.
3,4 *Daß von* Jubel wiederhallen/*Höh'n und Tiefen* der Natur. (vgl. I/III: Tempel) 6 seyn, (vgl. I) 8 *weih'n* (vgl. I/III: freu'n) 9 Brüder[,] (vgl. I/III; auch in der Widmung an die Mutter (vgl. Titelnotiz zu D35) ersetzt Neuffer die Interjektionen.) 10 *F*est geschlungen (vgl. I/III) 22 Freundlich murmelnd (vgl. I) 25 ehr[]ner (vgl. I: ehr'ner; vgl. jedoch Burg Tübingen 3_1: eh'rne) 36 Todtenland[!] (vgl. I) 43 *Thrän'* (vgl. I: Schweis) 47 *Biedre Herzen* (vgl. I: Adelthaten) 51,52 Brüder[,] drüben wird es tagen[!]/Schwestern[,] dort ist Wiedersehn[!] (vgl. I) 55 Brüder[,] Schwestern[,] jauchzt der Liebe[,] (vgl. I und Anmerkung zu II, v.9)
Vmtl. stammt auch die Einrückung aller geraden Verse des Drucks nicht von Hölderlin.

Emendierter Text II

Lied der Liebe.

Engelfreuden ahndend, wallen
Wir hinaus auf Gottes Flur,
Daß von Jubel wiederhallen
Höh'n und Tiefen der Natur.
Heute soll kein Auge trübe,
Sorge nicht hienieden seyn,
Jedes Wesen soll der Liebe
Frei und froh, wie wir, sich weih'n!

Singt den Jubel, Schwestern, Brüder,
Fest geschlungen, Hand in Hand!
Hand in Hand das Lied der Lieder,
Seelig an der Liebe Band!
Steigt hinauf am Rebenhügel,
Blikt hinab ins Schattenthal!
Überall der Liebe Flügel,
Hold und herrlich überall!

Liebe lehrt das Lüftchen kosen
Mit den Blumen auf der Au,
Lokt zu jungen Frülingsrosen
Aus der Wolke Morgenthau,
Liebe ziehet Well' an Welle
Freundlich murmelnd näher hin,
Leitet aus der Kluft die Quelle
Sanft hinab ins Wiesengrün.

Berge knüpft mit ehrner Kette
 Liebe an das Firmament,
Donner ruft sie an die Stätte,
 Wo der Sand die Pflanze brennt.
Um die hehre Sonne leitet
 Sie die treuen Sterne her,
Folgsam ihrem Winke gleitet
 Jeder Strom ins weite Meer.

Liebe wallt durch Ozeane,
 Durch der dürren Wüste Sand
Blutet an der Schlachtenfahne,
 Steigt hinab ins Todtenland!
Liebe trümmert Felsen nieder,
 Zaubert Paradiese hin,
Schaffet Erd und Himmel wieder –
 Göttlich, wie im Anbeginn.

Liebe schwingt den Seraphsflügel
 Wo der Gott der Götter thront,
Lohnt die Thrän' am Felsenhügel,
 Wann der Richter einst belohnt,
Wann die Königsstühle trümmern,
 Hin ist jede Scheidewand,
Biedre Herzen heller schimmern
 Reiner, denn der Krone Tand.

Laßt die Scheidestunde schlagen,
 Laßt des Würgers Flügel wehn!
Brüder, drüben wird es tagen!
 Schwestern, dort ist Wiedersehn!
Jauchzt dem heiligsten der Triebe,
 Den der Gott der Götter gab,
Brüder, Schwestern, jauchzt der Liebe,
 Sie besieget Zeit und Grab!

III
Neufassung in Städlins Almanach *Poetische Blumenlese fürs Jahr 1793* (D 2).
Emendationen bei:
1 süssen Augenweide 3 Priesterthum 6 seyn! 11 kühn 15 Ueberall

Emendierter Text III

Hymne

an die Liebe.

Froh der süßen Augenwaide
Wallen wir auf grüner Flur;
Unser Priestertum ist Freude,
Unser Tempel die Natur; –
Heute soll kein Auge trübe,
Sorge nicht hienieden sein!
Jedes Wesen soll der Liebe,
Frei und froh, wie wir, sich freu'n!

Höhnt im Stolze, Schwestern, Brüder!
Höhnt der scheuen Knechte Tand!
Jubelt kün das Lied der Lieder,
Vestgeschlungen Hand in Hand!
Steigt hinauf am Rebenhügel,
Blikt hinab ins weite Thal!
Überall der Liebe Flügel,
Hold und herrlich überall!

Liebe bringt zu jungen Rosen
Morgenthau von hoher Luft,
Lehrt die warmen Lüfte kosen
In der Maienblume Duft;
Um die Orione leitet
Sie die treuen Erden her,
Folgsam ihrem Winke, gleitet
Jeder Strom in's weite Meer;

An die wilden Berge reihet
Sie die sanften Thäler an,
Die entbrannte Sonn' erfreuet
Sie im stillen Ozean;
Siehe! mit der Erde gattet
Sich des Himmels heil'ge Lust,
Von den Wettern überschattet
Bebt entzükt der Mutter Brust.

Liebe wallt durch Ozeane,
Höhnt der dürren Wüste Sand,
Blutet an der Siegesfahne
Jauchzend für das Vaterland;
Liebe trümmert Felsen nieder,
Zaubert Paradiese hin –
Lächelnd kehrt die Unschuld wieder,
Göttlichere Lenze blüh'n.

Mächtig durch die Liebe, winden
Von der Fessel wir uns los,
Und die trunknen Geister schwinden
Zu den Sternen, frei und groß!
Unter Schwur und Kuß vergessen
Wir die träge Fluth der Zeit,
Und die Seele naht vermessen
Deiner Lust, Unendlichkeit!

An die Stille

Das Gedicht wurde vermutlich vor dem 1. Juni 1790, dem dritten und letzten *Aldermannstag*, in das *Bundesbuch* eingetragen. Nach der Reihenfolge der Unterschriften auf dem ersten Blatt hätte, nach Magenau und Neuffer, diesmal Hölderlin das gemeinsame Thema gestellt. Dem Gedanken der Stille war schon ein gleichnamiges Reimgedicht und die Ode *Die Ruhe* gewidmet (vgl. Bd. 1). Mit diesem Beitrag hat Hölderlin die Form und den Ton der folgenden Hymnen gefunden. Während Magenau und Neuffer noch ihre Gedichte zum vierten *Aldermannstag* eintrugen (*Mein Wunsch* und *An die Wollust*) entzieht sich Hölderlin der wahrscheinlich von Magenau gestellten Aufgabe; der Rest des *Bundesbuchs* bleibt leer.

I

Reinschrift im *Bundesbuch*.

Varianten: 4 $_1$**Liebeshauch**e $_2$e gestr. 5 $_1$[e]$_2$**brent** 7 $_1$**d**[i]$_2$**as Herz** 8 $_1$**heische**n$_2$**t** 20 $_1$kl $_2$**kalten** 22 $_1$**de**m$_2$**n** 31 $_1$**Schatte**l$_2$n|**quelle** 35 $_1$**d**[e]$_2$**ir** 30 **Daß des Dulder**

Emendierter Text

An die Stille.

Am dritten Aldermannstage.

Dort im waldumkränzten Schattentale
Schlürft' ich, schlummernd unter'm Rosenstrauch
Trunkenheit aus deiner Götterschaale,
Angeweht von deinem Liebeshauch.
Sieh' es brent an deines Jünglings Wange
Heiß und glühend noch Begeisterung,
Voll ist mir das Herz vom Lobgesange,
Und der Fittig heischet Adlerschwung.

Stieg ich künen Sinns zum Hades nieder
Wo kein Sterblicher dich noch ersah,
Schwänge sich das mutige Gefieder
Zum Orion auf, so wär'st du da;
Wie ins weite Meer die Ströme gleiten
Stürzen dir die Zeiten alle zu

In dem Schoos der alten Ewigkeiten,
In des Chaos Tiefen wohntest du.

In der Wüste dürrem Schrekgefilde,
Wo der Hungertod des Wallers harrt,
In der Stürme Land, wo schwarz und wilde
Das Gebirg' im kalten Panzer starrt,
In der Sommernacht, in Morgenlüften,
In den Hainen weht dein Schwestergruß,
Über schauerlichen Schlummergrüften
Stärkt die Lieblinge dein Götterkuß.

Ruhe fächelst du der Heldenseele
In der Halle, wann die Schlacht beginnt,
Hauchst Begeist'rung in der Felsenhöhle,
Wo um Mitternacht der Denker sinnt,
Schlummer träuf'st du auf die düstre Zelle,
Daß der Dulder seines Grams vergißt,
Lächelst traulich aus der Schattenquelle,
Wo den ersten Kuß das Mädchen küßt.

Ha! dir träuft die wonnetrunkne Zähre
Und Entzükung strömt in mein Gebein
Millionen bauen dir Altäre
Zürne nicht! auch dieses Herz ist dein!
Dort im Thale will ich Wonne trinken
Wiederkehren in die Schattenkluft,
Bis der Göttin Arme trauter winken,
Bis die Braut zum stillen Bunde ruft.

Keine Lauscher nah'n der Schlummerstätte,
Kül und schattig ists im Leichentuch,
Abgeschüttelt ist die Sclavenkette,
Maigesäusel wird Gewitterfluch;
Schöner rauscht die träge Fluth der Zeiten,
Rings umdüstert von der Sorgen Schwarm
Wie ein Traum verfliegen Ewigkeiten
Schläft der Jüngling seiner Braut im Arm.

Hymne an die Unsterblichkeit

Am 9. November 1832 veröffentlichte Neuffer in der *Zeitung für die elegante Welt* einen bis dahin unbekannten Text und fügte hinzu: *Den vielen Verehrern der Hölderlin'schen Gedichte wird, wie ich vermuthe, die Mittheilung dieser bisher noch ungedruckten Hymne nicht unwillkommen seyn. So wenig sie auch eine strenge Kritik ertragen kann, so beurkundet sich doch auch in ihr ein Genie, das uns mit Schmerz erfüllt, weil ein neidisches Schicksal ihm nicht erlaubt hat, in seiner ganzen Glorie aufzublühen*... Im November 1790, während der Arbeit am *Hymnus auf die Warheit*, hatte Hölderlin Neuffer anheimgestellt, ob er den *Gesang an die Unsterblichkeit* umarbeiten solle, den dieser wahrscheinlich Anfang Oktober bei einem Besuch in Stuttgart erhalten hatte. Nach Neuffers nicht überliefertem Bescheid gibt Hölderlin das Gedicht auf und stellt dessen Eingangsstrophe an den Anfang der *Hymne an die Warheit*. Das von Neuffer verwendete Exemplar ist verschollen, doch hat sich das letzte Blatt von Hölderlins vorläufiger Reinschrift erhalten, sodaß die erste und die letzten fünf Strophen mit der verspäteten Publikation verglichen werden können. Einmal mehr zeigt sich, daß Neuffer den Text einer an Fälschung grenzenden Redaktion unterzogen haben muß. Daraus ergibt sich die editorische Entscheidung, jenen zweifelhaften Druck, so weit dies möglich ist, nach den autographen Vorlagen zu revidieren.

I

v. 73-112; Rest einer vorläufigen Reinschrift.

Varianten:

79 $_1$**spi** i $_2$**littern** 81a-84a getilgter Ansatz zu v. 97-104; erst an vorletzter Stelle korrespondiert diese Strophe auch formal der nicht handschriftlich überlieferten zweiten Strophe:

$_1$Hemmet

$_2$| | der Pole Donner Orione!

$_3$**Harr**t

$_4$**et eine Weile, Orione!** 81a

$_1$**Lisplẹ Donner**!

$_2$ **der Plejadenbahn!** 82a

$_1$**Hülle Pho b**

$_2$**e os deine Stralenkrone!** 83a

$_1$**A**n

$_2$**tme**t

$_3$| | **leise! Sturm und Ozean!** 84a

86 $_1$**Geistermutter**,$_2$**!** 87 $_1$**Siegestru**k$_2$**nken** 89 $_1$**Wo der** W$_2$**Tugend** 90 $_1$**von de**|$_2$**m**|n **Wurme**rn,$_2$**,** 93 $_1$**W**ein$_2$**o** 95 $_1$**Helden** T$_2$**tod**

Fortsetzung verso.

97 $_1$**Orione**n$_2$**!** 100 $_1$**Atme**t $_2$t vmtl. gestr. 104 $_1$**De**k$_2$**nkt**

Sinke, sinke stralendes Gefieder/ Wo 105a,106a

109 – zwei alternative Verse; der zweite vmtl. in Millionen gestr.:

Wenn vor Gott sich einst die Geister sammeln 109α

$_1$**Einst wenn Mi**tt

$_2$**llionen sich versammeln** 109β

$_1$Do

$_2$**Aufzujauchzen ob der** de

$_2$**Seele Sieg** 110

112 $_1$**schwi**g$_2$**eg.**

Emendationen bei:

81 **Allgew**[ä]**ltig** 91 **der** [der] **Denker** 103 **Den**[n] 106 **unnen**[n]**bar**

Konstituierter Text I (v. 73-112)

Wann die Helden vor Despoten tretten
Sie zu mahnen an der Menschheit Recht
Hinzuschmettern die Tirannenketten
Fluch zu donnern jedem Fürstenknecht,
Wenn in todesvollen Schlachtgewittern
Wo die Vaterlandesfahne weht,
Muthig, bis die Heldenarme splittern
Tausenden die kleine Reihe steht.

Allgewaltig ist im Erdentale
Schon die Fülle großer Ahndungen
Aus der Zukunft mildem Seegensstrale
Trinken Heldenkraft die Endlichen,
Aber ha! wie schwindet Erdeleben
Geistermutter! wenn an deiner Hand
Siegestrunken wir hinüberschweben
In der Geister hohes Vaterland:

Wo der Tugend königliche Blume
Unbetastet von dem Wurme, blüht
Wo der Denker nun im Heiligtume
Hell und offen all die Tiefen sieht,
Wo der Menschheit kein Tyranne höhnet
Keine Kette mer die Seele bannt,
Wo den Heldentod die Palme lohnet
Gottes Lob den Tod fürs Vaterland.

Harret eine Weile Orione!
Schweige, Donner der Plejadenbahn
Hülle, Phoebos deine Stralenkrone
Atme leise! Sturm und Ozean!
Eilt zu feierlichen Huldigungen
All' ihr Riesenschöpfungen der Zeit
Denn verloren in Begeisterungen
Denkt die Seele der Unsterblichkeit!

Siehe! da verstummen Menschenlieder
Wo der Seele Schwung unnennbar ist,
Schüchtern sinkt des Hochgesangs Gefieder

Wo der Endlichkeit der Geist vergißt,
Wenn vor Gott sich einst die Geister sammeln
Aufzujauchzen ob der Seele Sieg
Mag Entzükungen der Seraph stammeln
Wo die trunkne Menschenlippe schwieg.

II
Überarbeitung der vorläufigen Restreinschrift I.
Wann die Helden vor Despoten tretten
$_1$Löwen
$_2$**Starken** 73
wie I, v. 74,75 74,75
Fluch zu donnern je dem Fürstenknecht,
Muth zu predigen ↑ 76
wie I, v. 77-80 77-80
Allgewaltig ist im Erden tale
Gräber 81
Schon die Fülle großer Ahndungen 82
Aus der Zukunft mildem Seegensstrale
zauberischer Schaale 83
wie I, v. 84-92 84-92
Wo der Menschheit kein Tyranne höhnet
auf Trümmern kein Tyranne tronnet,
[ ] 93
Änderung zu v. 94 am unteren Rand.
Keine Kette mer die Seele bannt,
Wo die Seele keine Fessel 94
wie I, v. 95-98; Fortsetzung verso. 95-98
Hülle, Phoebos deine Stralenkrone
Sonne diese 99
wie I, v. 100,101 100,101
All' ihr Riesen schöpfungen der Zeit
$_1$d
$_2$**großen** [S] 102
Denn verloren in Begeisterungen 103
Denkt die Seele der Unsterblichkeit!
der Seher 104
Strophenfuge.
Siehe! da verstummen Menschenlieder 105
Wo der Seele Schwung unnennbar ist,
$_1$Lust
$_2$**Lust** 106
106$_2$ zur Verdeutlichung wiederholt.
wie I, v. 107-112 107-112

III
v. 1-8; Niederschrift zur Überarbeitung an den Rand der Seite (vgl. Hymne an die Warheit IIIa).

IIa
Von Neuffer redigierter Druck in der *Zeitung für die elegante Welt 1832* (D 37). Wie in der *Titelnotiz* begründet, wird dieser Text differenziert ediert. Dabei sind in v. 1-8 und v. 73-112 die Abweichungen von den autograph überlieferten Textabschnitten I/II und III, in v. 9-72 – mit einer Ausnahme in v. 32 (vgl. v. 8) – nur die Emendationen der Orthographie und Interpunktion kenntlich gemacht. Bei den sechs vergleichbaren Strophen weichen nur drei wesentlich von den Handschriften ab; der Textfaktur nach dürften die nicht handschriftlich bezeugten Strophen 2-9 zu den weniger tiefgreifend redigierten gehören.

Redigierter Erstdruck IIa

Hymne an die Unsterblichkeit.

1789.

Froh, als könnt' ich Schöpfungen beglü*c*ken,
Stolz, als huldigten die *Sterne* mir,
Fleugt, ins *Strahlen*auge *D*ir zu bli*c*ken,
Mit der Liebe Kraft mein Geist zu *D*ir[.]
Schon *erglüht dem* wonnetrunkne*n* Seher
Deiner Halle gold'nes Morgenroth,
Ha[,] und *D*einem Götterschooße näher
Höhnt *die Siegesfahne Grab* und *Tod*.

Mich umschimmern Orionenheere,
Stolz ertönet der Plejaden Gang[.]
Ha[,] sie wähnen, Ewigkeiten währe
Ihrer Pole wilder Donnerklang[.]
Majestätisch auf dem Flammenwagen
Durchs Gefild' der Unermeßlichkeit,
Seit das Chaos kr*e*iste, fortgetragen,
Heischt sich Helios Unsterblichkeit.

Auch die Riesen dort im Gräberlande,
Felsgebirg' und Sturm und O*c*ean,
Wähnen endlos ihrer Schöpfung Bande,
Wurzelnd in dem ew'gen Weltenplan;
Doch es nahen die Vernichtungsstunden,
Wie des Siegers Klinge, schre*c*klichschön[.] –
Erd' und Himmel ist dahin geschwunden,
Schnell, wie Bli*t*ze kommen und vergeh'n.

Aber kehre, stra*h*lendes Gefieder,
Zu der Halle, wo das Leben wohnt!
Triumphire, triumphire wieder,
Siegesfahne, wo die Göttin t*h*ront!
Wenn die Pole schmettern, Sonnen sinken
In den Abgrund der Vergangenheit,
Wird die Seele Siegeswonne trinken,
Hocherhaben über *Grab* und Zeit.

Ach[,] wie oft in grausen Mitternächten,
Wenn die heiße Jammerthräne rann,
Wenn mit Gott und Schicksa[ ]l schon zu rechten
Der verzweiflungsvolle Mensch begann,
Blicktest *D*u aus trüber Wolkenhülle
Tröstend nieder auf den Schmerzenssohn!
Drüben, riefst *D*u liebevoll und stille,
Drüben harrt des Dulders schöner Lohn.

Müßte nicht der Mensch des Lebens fluchen,
Nicht die Tugend auf der Dornenbahn
Trost im Arme der Vernichtung suchen,
Täuschte sie ein lügenhafter Wahn?
Trümmern möchte der Natur Gese*t*ze
Menschenfreiheit, möcht' in blinder Wuth,
Wie die Reue die gestohlnen Schä*t*ze,
Niederschmettern ihr ererbtes Gut.

Aber nein[,] so wahr die Seele lebet,
Und ein Gott im Himmel oben ist,
Und ein Richter, dem die Hölle bebet,
Nein, Unsterblichkeit[,] *D*u bist, *D*u bist!
Mögen Spötter ihrer Schlangenzungen,
Zweifler ihres Flattersinns sich freu'n,
Der Unsterblichkeit Begeisterungen
Kann die freche Lüge nicht entweih'n.

Heil uns[,] *h*eil uns, wenn die freie Seele,
Traulich an die Führerin geschmiegt,
Treu dem hohen göttlichen Befehle,
Jede nied're Leidenschaft besiegt!
Wenn mit tiefem Ernst der Denker spähet
Und durch *D*ich sein Wesen erst begreift,
Weil ihm Lebenslust vom Lande wehet,
Wo das Sa[ ]menkorn zur Ern[ ]te reift[*!*]

Wenn im Heiligt*h*ume alter Eichen
Männer um der Königin Altar
Sich die Bruderhand zum Bunde reichen,
Zu dem Bunde freudiger Gefahr;

Wenn entzückt von ihren Götterküssen
Jeglicher, des schönsten Lorbeers werth,
Lieb' und Lorbeer ohne Gram zu missen
Zu dem Heil des Vaterlandes schwört[*!*]

Wenn die Starken *den* Despoten *wecken,*
Ihn zu mahnen an *das Menschenrecht,*
Aus der Lüste Taumel ihn zu schrecken,
Muth zu predigen dem *feilen K*necht[*!*]
Wenn in todesvollen Schlachtgewittern[,]
Wo *der Freiheit Heldenfahne* weht,
Muthig, bis die *müden* Arme splittern[,]
Ruhmumstrahlter Sparter Phalanx steht[*!*]

Allgewaltig ist im Gräber*th*ale[,]
Herrscherin, dein segensvoller Lohn!
Aus der Zukunft zauberischer Scha[ ]le
Trink*t sich stolzen Muth der Erdensohn.*
Hoffend endet er sein Erde*n*leben[,]
Um an Deiner mütterlichen Hand
Siegestrunken *einst empor zu* schweben
In der Geister hohes Vaterland[.]

Wo der Tugend königliche Blume
Unbetastet von dem Wurme[ ] blüht[,]
Wo der Denker *in dem* Heiligt*h*ume
Hell und offen *alle* Tiefen sieht,
Wo auf Trümmern kein Tyrann[ ] *mehr th*ronet,
Keine Fessel mehr die Seele bannt,
Wo de*m* Heldentod die Palme lohnet[,]
Engelkuß den Tod fürs Vaterland.

Harret eine Weile[,] Orione!
Schweige, Donner der Plejadenbahn[*!*]
Hülle, Sonne[,] *deine* Stra*h*lenkrone[,]
At*h*me leise*r*[,] Sturm und Ocean!
Eilt zu feierlichen Huldigungen[,]
All[ ] ihr großen Schöpfungen der Zeit[,]
Denn[,] verloren in Begeisterungen[,]
Denkt der Seher der Unsterblichkeit!

Siehe[,] da verstummen Menschenlieder[,]
Wo der Seele Lust unnennbar ist[/]
Schüchtern sinkt des *Lob*gesangs Gefieder[,]
Wo der Endlichkeit der Geist vergißt[.]
W*a*nn vor Gott sich einst die Geister sammeln[,]
Aufzujauchzen ob der Seele Sieg[,]
Mag Entzü*ck*ungen der Seraph stammeln[,]
Wo die trunkne Menschenlippe schwieg.

Bei den Abweichungen des differenzierten Textes IIa ist zwar ein möglicher Anteil Hölderlins nicht auszuschließen, doch ist die Entscheidung gegen Neuffers Druck und für die handschriftlich überlieferten Textsegmente II/III auch inhaltlich zu begründen. Daß Neuffer zur Redaktion der ersten Strophe die gleiche pleonastische Wendung einsetzt, die auch im Druck von Hymnus an die Göttin der Harmonie vom Wortlaut der Handschrift und überhaupt von der seitdem durchgängigen Formel Glük und Zeit abweicht, kann als Indiz für die Redaktion der ganzen Strophe betrachtet werden. Aus der gleichen Quelle dürfte die Abweichung *die Siegesfahne* statt des Kämpfers Fahne hergeleitet sein. Tendenziell eindeutiger sind die Abweichungen des Neufferschen Textes von der handschriftlichen Fassung der 10. und 11. Strophe, deren politisch und religiös exponierter Inhalt Neuffer schon damals als das eigentliche Publikationshindernis empfunden haben mag. Die Änderungen beginnen mit der Begradigung des alternierenden Gebrauchs von Wann und Wenn, wobei die in der älteren Form enthaltene Bedeutung von Einst wenn (vgl. v. 109) eliminiert wird. Die äußerlich geringfügige Abweichung enthält somit in nuce das Programm einer bewußtlosen Zensur, der viel daran liegt, den visionären Gestus, die kühne Gewißheit, wo irgend möglich, in spekulative Unverbindlichkeit umzuwandeln. Dies gilt besonders für die schwerwiegenden Textänderungen in den folgenden Zeilen, zu denen zunächst das mundartliche Reimwort tretten (vgl. Hymne an die Warheit I, v.6, II, v. 34) einen äußeren Anlaß bietet. Aus dem realistischen Plural vor Despoten wird die abstrakte und überdies mit dem sekundären Klischee der Auschweifung nur unzulänglich charakterisierte Figur eines *Despoten* überhaupt, aus Hölderlins Totalforderung der Menschheit Recht jenes blasse Minimum, auf welches der ideale Anspruch der Revolution bis heute reduziert ist. Ähnlich verschwindet der polemische Begriff dem Fürstenknecht im nichtssagenden Pleonasmus *feilen Knecht*. An die Stelle der großflächigen Wortstruktur Vaterlandesfahne tritt der in den Freiheitskriegen und der nachfolgenden Restauration Phrase gewordene Topos von *der Freiheit Heldenfahne*, welcher der Fahne das zuerkennt, was eine Zeile tiefer den nunmehr *müden Armen* genommen wird. Schließlich ist die Vision einer künftigen, opfervollen Entscheidung, durch Verdeutlichung der Termopylen-Allusion, in die Unverbindlichkeit des philhellenischen Schwulstes gerückt. Unter den platten Abweichungen der folgenden Strophe ist die in v. 87 am bezeichnendsten. Hier wird der auch Jean Paul geläufige Gedanke einer horizontalen Himmelfahrt (vgl. Das Kampaner Thal oder über die Unsterblichkeit der Seele; 502. Stazion) zur frömmelnden Plattitüde. Denkbar ist, daß Neuffer diese oder ähnliche Änderungen schon 1790 vorschlug und daß Hölderlin ebendeswegen von einer derartigen Umgestaltung absah.

Konstituierter Text II/III/IIa

Hymne an die Unsterblichkeit.

Froh, als könnt' ich Schöpfungen beglüken,
Kün, als huldigten die Geister mir,
Fleugt, ins Götterauge dir zu bliken,
Mit der Liebe Kraft mein Geist zu dir;

Schon erbebt dein wonnetrunkner Seher
Von den Ahndungen der Seeligkeit
Ha! und deinem Götterschoose näher
Höhnt des Kämpfers Fahne Glük und Zeit.

Mich umschimmern Orionenheere,
Stolz ertönet der Plejaden Gang,
Ha! sie wähnen, Ewigkeiten währe
Ihrer Pole wilder Donnerklang;
Majestätisch auf dem Flammenwagen
Durchs Gefild' der Unermeßlichkeit,
Seit das Chaos kraiste, fortgetragen,
Heischt sich Helios Unsterblichkeit.

Auch die Riesen dort im Gräberlande,
Felsgebirg' und Sturm und Ozean,
Wähnen endlos ihrer Schöpfung Bande,
Wurzelnd in dem ew'gen Weltenplan;
Doch es nahen die Vernichtungsstunden,
Wie des Siegers Klinge, schreklichschön –
Erd' und Himmel ist dahin geschwunden,
Schnell, wie Blize kommen und vergeh'n.

Aber kehre, stralendes Gefieder,
Zu der Halle, wo das Leben wohnt!
Triumphire, triumphire wieder,
Siegesfahne, wo die Göttin tront!
Wenn die Pole schmettern, Sonnen sinken
In den Abgrund der Vergangenheit,
Wird die Seele Siegeswonne trinken,
Hocherhaben über Glük und Zeit.

Ach! wie oft in grausen Mitternächten,
Wenn die heiße Jammerthräne rann,
Wenn mit Gott und Schiksaal schon zu rechten
Der verzweiflungsvolle Mensch begann,
Bliktest du aus trüber Wolkenhülle
Tröstend nieder auf den Schmerzenssohn!
Drüben, riefst du liebevoll und stille,
Drüben harrt des Dulders schöner Lohn.

Müßte nicht der Mensch des Lebens fluchen,
Nicht die Tugend auf der Dornenbahn
Trost im Arme der Vernichtung suchen,
Täuschte sie ein lügenhafter Wahn?
Trümmern möchte der Natur Geseze
Menschenfreiheit, möcht' in blinder Wuth,
Wie die Reue die gestohlnen Schäze,
Niederschmettern ihr ererbtes Gut.

Aber nein! so wahr die Seele lebet,
Und ein Gott im Himmel oben ist,
Und ein Richter, dem die Hölle bebet,
Nein, Unsterblichkeit! du bist, du bist!
Mögen Spötter ihrer Schlangenzungen,
Zweifler ihres Flattersinns sich freu'n,
Der Unsterblichkeit Begeisterungen
Kann die freche Lüge nicht entweih'n.

Heil uns! Heil uns, wenn die freie Seele,
Traulich an die Führerin geschmiegt,
Treu dem hohen göttlichen Befehle,
Jede nied're Leidenschaft besiegt!
Wenn mit tiefem Ernst der Denker spähet
Und durch dich sein Wesen erst begreift,
Weil ihm Lebenslust vom Lande wehet,
Wo das Saamenkorn zur Erndte reift.

Wann im Heiligtume alter Eichen
Männer um der Königin Altar
Sich die Bruderhand zum Bunde reichen,
Zu dem Bunde freudiger Gefahr;
Wenn entzükt von ihren Götterküssen
Jeglicher, des schönsten Lorbeers werth,
Lieb' und Lorbeer ohne Gram zu missen
Zu dem Heil des Vaterlandes schwört.

Wann die Starken vor Despoten tretten
Sie zu mahnen an der Menschheit Recht
Hinzuschmettern die Tirannenketten
Muth zu predigen dem Fürstenknecht,

Wenn in todesvollen Schlachtgewittern
Wo die Vaterlandesfahne weht,
Muthig, bis die Heldenarme splittern
Tausenden die kleine Reihe steht.

Allgewaltig ist im Gräbertale
Schon die Fülle großer Ahndungen
Aus der Zukunft zauberischer Schaale
Trinken Heldenkraft die Endlichen,
Aber ha! wie schwindet Erdeleben
Geistermutter! wenn an deiner Hand
Siegestrunken wir hinüberschweben
In der Geister hohes Vaterland:

Wo der Tugend königliche Blume
Unbetastet von dem Wurme, blüht
Wo der Denker nun im Heiligtume
Hell und offen all die Tiefen sieht,
Wo auf Trümmern kein Tyranne tronet,
Wo die Seele keine Fessel bannt,
Wo den Heldentod die Palme lohnet
Gottes Lob den Tod fürs Vaterland.

Harret eine Weile Orione!
Schweige, Donner der Plejadenbahn
Hülle, Sonne diese Stralenkrone
Atme leise! Sturm und Ozean!
Eilt zu feierlichen Huldigungen
All' ihr großen Schöpfungen der Zeit
Denn verloren in Begeisterungen
Denkt der Seher der Unsterblichkeit!

Siehe! da verstummen Menschenlieder
Wo der Seele Lust unnennbar ist,
Schüchtern sinkt des Hochgesangs Gefieder
Wo der Endlichkeit der Geist vergißt,
Wenn vor Gott sich einst die Geister sammeln
Aufzujauchzen ob der Seele Sieg
Mag Entzükungen der Seraph stammeln
Wo die trunkne Menschenlippe schwieg.

Hymne an die Warheit
Hymnus an die Göttin der Harmonie

Daß Hölderlin schon Anfang November 1790 an einem *Hymnus auf die Warheit* arbeitet, ist durch einen Brief an Neuffer bezeugt. Das Gedicht ist der erste von Hölderlin bis zur Veröffentlichung geförderte Text. Gegen Ende des gleichen Briefs erkundigt er sich angelegentlich nach dem Stand der Vorbereitungen: *Weist Du nichts von Städlins Allmanach, welche Gedichte er dazu spendet, und wer sonst sein Scherflein beiträgt?* Schon bei der *Hymne an die Unsterblichkeit* hatte Hölderlin den Druck erwogen; nachdem Neuffer abriet, wird deren erste Strophe an den Anfang des Mitte November vermutlich bis zu Textstufe II gediehenen Entwurfs gestellt. Die neue Überschrift *Hymnus an die Göttin der Harmonie* und das frei umgeformte Motto aus Wilhelm Heinses Renaissance-Roman *Ardinghello* stehen erst auf der verlorenen Druckvorlage.

I

Entwurf, ohne Überschrift; mit Lücken zur Texterweiterung (Verszählung II in eckiger Klammer). [T,1-24]

$_{1}$A**uf des** Chaos g
$_{2}$**Tronend**[a] **alten Chaos Woogen** 1 [25]
Majestätisch lächelnd winktest du 2 [26]
$_{1}$**Und die wilden Elemente f**o
$_{2}$**logen** 3 [27]
$_{1}$Lächelnd
$_{2}$**Liebend sich auf deine** W
$_{3}$**Winke zu.** 4 [28]
Fortsetzung verso.
Jubel ward die lange Todtenstille 5 [29]
$_{1}$**Bächlein,**
$_{2}$**— Sonnen tratten in die Bahn** 6 [30]
So ergossest du der Schönheit Fülle 7 [31]
So entsprang der Hoheit Ozean. 8 [32]
Lücke für zweieinhalb Strophen. [33-52]
$_{1}$W
$_{2}$**Siehe! mit de**r Liebe **Götterbliken**
$_{2}$n teuern
$_{3}$[r] **Liebe** 9 [53]
Die den Staub zum Engel auferziehn, 10 [54]
$_{1}$Die den Endlichen zum Gott entzüken **,** ↓v. 12
$_{2}$zum Gott den Endlichen
$_{3}$Die mit Götterlust den Endlichen **beglüken**
$_{4}$**Mit Unendlichkeit den Sterblichen** 11 [55]
↑**Spricht zum Lieblinge die Königin:** 12 [56]
Strophenfuge.
$_{1}$**„Sohn**!
$_{2}$**der liebetrunknen Sch**o**pfungsstunde!**
[ö] 13 [57]
Auserwählter! komm' und liebe mich! 14 [58]
$_{1}$**Sieh!** ein **Kuß von deiner Göttin Munde**
$_{2}$ein t
[ein K] 15 [59]
Hauchte Geist von ihrem Geist in dich! 16 [60]
Fortsetzung recto.
$_{1}$**Diese Welt ist deiner Seele Spie**l
$_{2}$**gel,** 17 [61]
Deiner Seele Sohn ist Harmonie! — 18 [62]

19 [63] **Freue dich! zum**
20 [64] **Meiner Schöpfungen erschuff ich sie.**
Strophenfuge.
21 [65] **Trümmer ist der Wesen schöne Hülle**
22 [66] **Knüpft sie meiner Allmacht Hand nicht an**
23 [67] **Mir entströmt der Schönheit ewge Fülle**
24 [68] **Mir der Hoheit weiter Ozean**
$_{1}$**Danke** M
25 [69] $_{2}$**mir der zauberischen Liebe**
26 [70] **Mir der Freude stärkenden Genuß,**
$_{1}$**Deine Tränen**,
27 [71] $_{2}$ **– deine schönsten Triebe**
28 [72] **Schuff, o Sohn, der schöpferische Kuß.**
Strophenfuge.
$_{1}$**Herrlicher** in dir mein Bild **zu finden**
29 [73] $_{2}$**mein Bild in dir**
30 [74] **Haucht' ich Kräfte dir und Künheit ein**
31 [75] **Meines Reichs Geseze zu ergründen**
Scho**pfer meiner Schöpfungen zu sein;**
32 [76] [ö]
33 [77] **Mühsam wirst du meinen Stral erspähen**
34 [78] **Aber, liebe, liebe mich o Sohn!**
35 [79] **Drüben wirst du meine Klarheit sehen,**
Drük**en kosten deiner Liebe Lohn."**
36 [80] [b]
Fortsetzung verso.
37 [81] **Nun, ihr Geister, in der Göttinn Namen**
38 [82] **Die da schuff im Anbeginn der Zeit**
39 [83] **All ihr Sprößlinge von ihrem Saamen!**
40 [84] **All' ihr Erben der Unsterblichkeit!**
41 [85] **Kommt zu feierlichen Huldigungen**
$_{1}$**Mit der Seele ganzer Götterkraft**,
$_{2}$**!**
$_{3}$||
42 [86] $_{4}$**;**
43 [87] **Mit der höchsten der Begeisterungen**
44 [88] **Schwört vor ihr, die schuff und ewig schaft!**
Strophenfuge.
45 [89] **Unbezwinglich, wie des Meeres Welle**
46 [90] **Rein, wie Bächlein in Elisium,**
47 [91] **Wie der Frülinghimmel froh, und helle**
48 [92] **Sei der Warheit hohes Priestertum! –**
49 [93] **Nieder, nieder mit verjärtem Wahne**
50 [94] **Stolzem Spotte Fluch und Untergang,**
51 [95] **Ruhm der Weisheit unbeflekter Fahne**
52 [96] **Den Gerechten Ruhm und Siegsgesang! –**
Strophenfuge.
Stolze Lehre schleichet T**od und trübe,**
53 [97] [t]
54 [98] **Süß und kräftig ist der Weisheit Quell;**
$_{1}$**Geister**, **Br**ü**der**, **dieser Quell ist Liebe,**
55 [99] $_{2}$**!** **!**
$_{1}$**Ruht im Herzen** fr
$_{2}$**still und spiegelhell**;
$_{3}$—
56 [100] $_{4}$**.**
$_{1}$**Von de**r
$_{2}$**s Erdelebens Tand geläute**l
57 [101] $_{3}$**rt**
58 [102] **Ahndet Göttlichkeit der zarte Sinn,**

Von der Liebe Labetrunk erheitert,
Schaut der stille Geist die Schöpferin.
Strophenfuge.
Geister! Brüder! unsre Seele glühe
Von der Liebe heiliger Magie,
Ungetrübte, stille Liebe ziehe
Freundlich uns zur ew'gen Harmonie!
Sichtbar adle sie die treuen Söhne!
$_1$In den
$_2$**Unter Sternen auf der Abendflur**
In des Mädchens, in des Mannes Träne
$_1$**Zeige sie des**
$_3$**r Wahrheit hohe Spur.**

Konstituierter Text I

Tronend auf des alten Chaos Woogen
Majestätisch lächelnd winktest du
Und die wilden Elemente flogen
Liebend sich auf deine Winke zu.
Jubel ward die lange Todtenstille
Bächlein – Sonnen tratten in die Bahn
So ergossest du der Schönheit Fülle
So entsprang der Hoheit Ozean.

Siehe! mit der Liebe Götterbliken
Die den Staub zum Engel auferziehn,
Mit Unendlichkeit den Sterblichen beglüken
Spricht zum Lieblinge die Königin:

„Sohn der liebetrunknen Schöpfungsstunde!
Auserwählter! komm' und liebe mich!
Sieh! ein Kuß von deiner Göttin Munde
Hauchte Geist von ihrem Geist in dich!
Diese Welt ist deiner Seele Spiegel,
Deiner Seele Sohn ist Harmonie! –
Freue dich! zum
Meiner Schöpfungen erschuff ich sie.

Trümmer ist der Wesen schöne Hülle
Knüpft sie meiner Allmacht Hand nicht an
Mir entströmt der Schönheit ewge Fülle
Mir der Hoheit weiter Ozean

Danke mir der zauberischen Liebe
Mir der Freude stärkenden Genuß,
Deine Tränen – deine schönsten Triebe
Schuff, o Sohn, der schöpferische Kuß.

Herrlicher mein Bild in dir zu finden
Haucht' ich Kräfte dir und Künheit ein
Meines Reichs Geseze zu ergründen
Schöpfer meiner Schöpfungen zu sein;
Mühsam wirst du meinen Stral erspähen
Aber, liebe, liebe mich o Sohn!
Drüben wirst du meine Klarheit sehen,
Drüben kosten deiner Liebe Lohn."

Nun, ihr Geister, in der Göttinn Namen
Die da schuff im Anbeginn der Zeit
All ihr Sprößlinge von ihrem Saamen!
All' ihr Erben der Unsterblichkeit!
Kommt zu feierlichen Huldigungen
Mit der Seele ganzer Götterkraft;
Mit der höchsten der Begeisterungen
Schwört vor ihr, die schuff und ewig schaft!

Unbezwinglich, wie des Meeres Welle
Rein, wie Bächlein in Elisium,
Wie der Frülinghimmel froh, und helle
Sei der Warheit hohes Priestertum! –
Nieder, nieder mit verjärtem Wahne
Stolzem Spotte Fluch und Untergang,
Ruhm der Weisheit unbeflekter Fahne
Den Gerechten Ruhm und Siegsgesang! –

Stolze Lehre schleichet tod und trübe,
Süß und kräftig ist der Weisheit Quell;
Geister! Brüder! dieser Quell ist Liebe,
Ruht im Herzen still und spiegelhell.
Von des Erdelebens Tand geläutert
Ahndet Göttlichkeit der zarte Sinn,
Von der Liebe Labetrunk erheitert,
Schaut der stille Geist die Schöpferin.

Geister! Brüder! unsre Seele glühe
Von der Liebe heiliger Magie,
Ungetrübte, stille Liebe ziehe
Freundlich uns zur ew'gen Harmonie!
Sichtbar adle sie die treuen Söhne!
Unter Sternen auf der Abendflur
In des Mädchens, in des Mannes Träne
Zeige sie der Wahrheit hohe Spur.

II
Entwurf, mit etwas breiterer Feder und dunklerer Tinte; Überschrift, Erweiterung von I, vorbereitende Unterstreichungen zu III.

Hymne an die Warheit. T
$_1$**Endlich, endlich** mag **die Saite künden**
$_2$**soll** 1
Wie von Liebe mir die Seele glüht, 2
Unzertrennbarer den Bund zu binden 3
Soll ihr huldigen mein Feierlied; 4
Wie der Riese sich des Sieges freuet, 5
Will ich dein mich freuen, schönes Ziel! 6
Aber schmettern, so es dich entweihet, 7
Schmettern will ich dieses Saitenspiel. 8
Strophenfuge.
Tausendfältig, wie der Götter Wille 9
Weht Begeisterung den Sänger an 10
Unerschöpflich ist der Schönheit Fülle 11
$_1$**Grenzenlos de**n
$_2$**r Hoheit Ozean**,
$_3$**;** 12
$_1$**Doch vor alle**n
$_2$**m hab' ich dich erkoren** 13
$_1$St
$_2$**Königin der herrlichen Natur!** 14
Bebend hab' ich Liebe dir geschworen 15
Glük und Zeit verhöhnt der große Schwur. 16
Strophenfuge.
Was der Geister stolzestes Verlangen 17
In den Tiefen und den Höh'n erzielt 18
Hab' ich allzumal in dir empfangen 19
Sint dich ahndend meine Seele fühlt 20
$_1$S
$_2$**Dir ent**scheb
$_3$weben **Myriaden** Wesen,
$_4$**sprossen** $_5$**Leben** 21
Als die Stralen deines Angesichts, 22
$_1$**B**e
$_2$**irgest du dein Angesicht, so beben** 23
$_1$**Und vergehn sie, und** W
$_2$**die Welt ist Nichts.** 24
Strophenfuge; danach Abschrift der Verse I, 1-4, die eingeklammert werden.
Tronend auf des alten Chaos Woogen 25
Majestätisch lächelnd winktest du 26
$_1$**Und die wilden Elemente f**o
$_2$**logen** 27
Liebend sich auf deine Winke zu 28

Froh der zaubrischen Vermalüngs**stunde**
29 [ä][u]
$_1$**Schlangen Wesen nun** um
$_2$| |**Wesen sich,**
30 [um]
$_1$**In de**m **Himmeln auf d**ie
31 [n] $_2$**em Erdenrunde**
$_1$**Sa**st
32 $_2$**hst du Meisterin im Bilde dich.**
Strophenfuge; Fortsetzung verso; dabei werden die Verse I, 5-8 übersprungen und von diesen nur v. 6 als II, v. 34 wiederholt.
33 **Ausgegossen ist des Lebens Schaale**
34 **Bächlein – Sonnen tretten in die Bahn**
$_1$**Liebe**s
35 $_2$**trunken schmiegen junge Thale**
36 **Sich den liebetrunknen Hügeln an**
$_1$**Von der Meere** Riesena **rm umfangen**
$_2$raschem **A**
37a $_3$**wildem**
38a **Bebt das Land in niegefülter Lust,**
$_1$Wie
$_2$**Schön und stolz, wie** Riesenkinder, **hangen**
39a $_3$**Göttersöhne,**
$_1$**Felsen an der** treuen Mutterst
$_2$brust.
40a $_3$**mütterlichen Brust.**
Umstellung der Verspaare 37/38a und 39/40a durch Ziffern vor 37a und 39a (vgl. V, v. 37-40):
37 **Schön und stolz, wie Göttersöhne, hangen**
Felsen an der mütterlichen Brust.
38 [,]
39 **Von der Meere wildem Arm umfangen**
Bebt das Land in niegefülter Lust,
40 [.]
Strophenfuge.
41 **Warm und leise wehen nun die Lüfte**
42 **Liebend sinkt der holde Lenz ins Tal,**
$_1$**Haine sprossen** auf **dem Felsgeklüfte**
43 $_2$**an**
44 **Gras und Blumen zeugt der junge Stral,**
$_1$Z
$_2$**Freude**n
$_3$**taumelnd winden** **vo**n dem **Hüg**l
$_4$**el**
$_5$[n] n
45 $_6$**sich** **m** | | | |
46 **Von dem Tale, von des Meeres Schoos**
47 **Prangend mit der Göttin Meistersiegel**
$_1$Myriaden **liebender Geschöpfe los.**
48 $_2$**Heere**
Strophenfuge.
49 **Aus den Hainen wallt ins Lenzgefilde**
$_1$**Nun** der
50a $_2$**mit Ihr der Herrliche hervor**
$_1$**Mit der** Schöpferin
$_2$**Meister**en ihr Sohn
50b [i] $_3$**der Held hervor**
Nach der Version 50b, deren Varianten jeweils einseitig eingeklammert sind, folgt eine (in V nochmals) veränderte Fassung:
50 **Mit der Meisterin der Mann hervor**

Den zum königlichem Ebenbilde
[n] 51
Sie im Anbeginne sich erkor 52
wie I, v. 9-18 53-62
Freue dich! zum
klaren Meistersiegel 63
wie I, v. 20-68 64-112

Konstituierter Text II

Hymne an die Warheit.

Endlich, endlich soll die Saite künden
Wie von Liebe mir die Seele glüht,
Unzertrennbarer den Bund zu binden
Soll ihr huldigen mein Feierlied;
Wie der Riese sich des Sieges freuet,
Will ich dein mich freuen, schönes Ziel!
Aber schmettern , so es dich entweihet,
Schmettern will ich dieses Saitenspiel.

Tausendfältig, wie der Götter Wille
Weht Begeisterung den Sänger an
Unerschöpflich ist der Schönheit Fülle
Grenzenlos der Hoheit Ozean;
Doch vor allem hab' ich dich erkoren
Königin der herrlichen Natur!
Bebend hab' ich Liebe dir geschworen
Glük und Zeit verhöhnt der große Schwur.

Was der Geister stolzestes Verlangen
In den Tiefen und den Höh'n erzielt
Hab' ich allzumal in dir empfangen
Sint dich ahndend meine Seele fühlt
Dir entsprossen Myriaden Leben
Als die Stralen deines Angesichts,
Birgest du dein Angesicht, so beben
Und vergehn sie, und die Welt ist Nichts.

Tronend auf des alten Chaos Woogen
Majestätisch lächelnd winktest du
Und die wilden Elemente flogen
Liebend sich auf deine Winke zu

Froh der zaubrischen Vermälungsstunde
Schlangen Wesen nun um Wesen sich,
In den Himmeln auf dem Erdenrunde
Sahst du Meisterin im Bilde dich.

Ausgegossen ist des Lebens Schaale
Bächlein – Sonnen tretten in die Bahn
Liebetrunken schmiegen junge Thale
Sich den liebetrunknen Hügeln an
Schön und stolz, wie Göttersöhne, hangen
Felsen an der mütterlichen Brust,
Von der Meere wildem Arm umfangen
Bebt das Land in niegefülter Lust.

Warm und leise wehen nun die Lüfte
Liebend sinkt der holde Lenz ins Tal,
Haine sprossen an dem Felsgeklüfte
Gras und Blumen zeugt der junge Stral,
Freudetaumelnd winden sich vom Hügel
Von dem Tale, von des Meeres Schoos
Prangend mit der Göttin Meistersiegel
Heere liebender Geschöpfe los.

Aus den Hainen wallt ins Lenzgefilde
Mit der Meisterin der Mann hervor
Den zum königlichen Ebenbilde
Sie im Anbeginne sich erkor
Siehe! mit der Liebe Götterbliken
Die den Staub zum Engel auferziehn,
Mit Unendlichkeit den Sterblichen beglüken
Spricht zum Lieblinge die Königin:

„Sohn der liebetrunknen Schöpfungsstunde!
Auserwählter! komm' und liebe mich!
Sieh! ein Kuß von deiner Göttin Munde
Hauchte Geist von ihrem Geist in dich!
Diese Welt ist deiner Seele Spiegel,
Deiner Seele Sohn ist Harmonie! –
Freue dich! zum klaren Meistersiegel
Meiner Schöpfungen erschuff ich sie.

Trümmer ist der Wesen schöne Hülle
Knüpft sie meiner Allmacht Hand nicht an
Mir entströmt der Schönheit ewge Fülle
Mir der Hoheit weiter Ozean
Danke mir der zauberischen Liebe
Mir der Freude stärkenden Genuß,
Deine Tränen – deine schönsten Triebe
Schuff, o Sohn, der schöpferische Kuß.

Herrlicher mein Bild in dir zu finden
Haucht' ich Kräfte dir und Künheit ein
Meines Reichs Geseze zu ergründen
Schöpfer meiner Schöpfungen zu sein;
Mühsam wirst du meinen Stral erspähen
Aber, liebe, liebe mich o Sohn!
Drüben wirst du meine Klarheit sehen,
Drüben kosten deiner Liebe Lohn."

Nun, ihr Geister, in der Göttinn Namen
Die da schuff im Anbeginn der Zeit
All ihr Sprößlinge von ihrem Saamen!
All' ihr Erben der Unsterblichkeit!
Kommt zu feierlichen Huldigungen
Mit der Seele ganzer Götterkraft;
Mit der höchsten der Begeisterungen
Schwört vor ihr, die schuff und ewig schaft!

Unbezwinglich, wie des Meeres Welle
Rein, wie Bächlein in Elisium,
Wie der Frülinghimmel froh, und helle
Sei der Warheit hohes Priestertum! –
Nieder, nieder mit verjärtem Wahne
Stolzem Spotte Fluch und Untergang,
Ruhm der Weisheit unbeflekter Fahne
Den Gerechten Ruhm und Siegsgesang! –

Stolze Lehre schleichet tod und trübe,
Süß und kräftig ist der Weisheit Quell;
Geister! Brüder! dieser Quell ist Liebe,
Ruht im Herzen still und spiegelhell.

Von des Erdelebens Tand geläutert
Ahndet Göttlichkeit der zarte Sinn,
Von der Liebe Labetrunk erheitert,
Schaut der stille Geist die Schöpferin.

Geister! Brüder! unsre Seele glühe
Von der Liebe heiliger Magie,
Ungetrübte, stille Liebe ziehe
Freundlich uns zur ew'gen Harmonie!
Sichtbar adle sie die treuen Söhne!
Unter Sternen auf der Abendflur
In des Mädchens, in des Mannes Träne
Zeige sie der Wahrheit hohe Spur.

IIIa

Abschrift der Eingangsstrophe aus der inzwischen aufgegebenen Hymne an die Unsterblichkeit; zunächst vmtl. ohne Veränderung des ursprünglichen Wortlauts.

1 **Froh, als könnt ich Schöpfungen beglüken**
2 **Kün, als huldigten die Geister mir**
$_1$**Fleugt,** de
$_2$**ins Götterauge dir** **bliken**
3 [zu]
4 **Mit der Liebe Kraft mein Geist zu dir**

Fortsetzung am rechten unteren Rand.

$_1$Schon erbebt dein t

Dieser Ansatz wird aus Platzmangel aufgegeben und an anderer Stelle der Seite wiederholt.

$_2$**Schon erb**l
5 $_3$**ebt dein wonnetrunkner Seher**
6 **Von den Ahndungen der Seeligkeit**
7 **Ha! und deinem Götterschoose näher**
8 **Höhnt des Kämpfers Fahne Glük und Zeit**

III

Überarbeitung von IIIa; Einklammerung der ersten Stroppheh von II, die damit durch III ersetzt ist; II, v. 1-4 werden später als v. 5-8 der Hymne an die Muse verwendet. Ob die Ansätze am linken Rand – Hymne / Hymne an / Hymne an die – mit der Änderung der Überschrift in Hymnus an die Göttin der Harmonie zusammenhängen, läßt sich nicht sagen.

1 Froh, als könnt ich Schöpfungen beglüken
2 Kün, als huldigten die Geister mir
Fleugt, ins Götterauge dir zu bliken
$_1$Sch ingt
$_2$Schw sich
3 $_3$**Nahet in dein Heiligtum zu bliken**
Mit der Liebe Kraft mein Geist zu dir
$_1$der
4 $_2$**Muth die Seele dir**

Fortsetzung am rechtern unteren Rand.

Schon erbebt dein wonnetrunkner Seher
$_1$er
5 $_2$**glüht der** [ ]

Von den Ahndungen der See li g keit
Herr [ch] 6
Ha! und deinem Götterschoose näher 7
Höhnt des Kämpfers Fahne Glük und Zeit
Siegers 8

IV

Überarbeitung von I/II; wie der Korrekturansatz bei II, v. 16 wahrscheinlich macht, erst nach Niederschrift von IIIa/III, v. 8.

wie III, v. 1-8, II, v. 9-12 T,1-12
Doch vor allem hab' ich dich erkoren 13
Königin der herrlichen Natur!
$_1$**Bebend,** ich
$_2$**als ich ferne dich ersah,** 14
Bebend hab' ich Liebe dir geschworen
Bebend hab' ich Liebe dir geschworen, 15
Glük und Zeit verhöhnt der große Schwur.
Königin der Welt! Urania! 16
wie II, v. 17-22 17-22
Birgest du dein Angesicht, so beben
Wendest 23
wie II, v. 24-44 24-44
Freudetaumelnd winden sich vom Hügel
Siehe! siehe! vom empörten Meere, 45
Von dem Tale, von des Meeres Schoos
Von den Hügeln von der Thale Schoos, 46
Prangend mit der Göttin Meistersiegel
Winden sich die ungezälten Heere 47
Heere liebender Geschöpfe los.
Freudetäumelnder Geschöpfe los.
[a] 48

Zuvor wird hinter der Niederschrift II das neue Reimpaar Meere/ Heere notiert.
Strophenfuge.

Aus den Hainen wallt ins Lenzgefilde 49
Mit der Meisterin der Mann hervor
$_1$Schön, wie sie, **der Göttin Sohn hervor**
$_2$**Himmlischschön** 50
Den zum königlichen Ebenbilde 51
Sie im Anbeginne sich erkor 52
Siehe! mit der Liebe Götter bliken
$_1$Ihn umfangend mit der Liebe [B]

Jetzt werden die Verse II(I), 53-56 eingeklammert; stattdessen recto der neue Entwurf:

$_2$**Von der Mutter treuem Arm umschlungen** 53
Steht er wonniglichen Staunens da, 54
$_1$**Und in** liebenden **Begeisterungen**
$_2$**göttlichen** 55
Singt dem Trunkenen Urania. 56

Strophenfuge; Fortsetzung verso-Seite gegenüber.

„Sohn der liebe trunknen Schöpfungs stunde!
$_1$wonne
$_2$**Komm o Sohn, der süßen Schöpfungs**t
[ ] 57
Auserwählter! komm' und liebe mich! 58
Sieh! ein Kuß von deiner Göttin Munde
$_1$Götter k**üsse weihten dich** zum **Bunde**
$_2$**Meine** [K] $_3$**dem** 59
Hauchte Geist von ihrem Geist in dich!
n **meinem** 60

Fortsetzung recto.

61 Diese Welt ist deiner Seele Spiegel,
Deiner Seele Sohn ist Harmonie! –
62 **Diese Welt o Sohn**
Freue dich! zum klaren Meistersiegel
63 **offenbaren** [S]
Meiner Schöpfungen erschuff ich sie.
64 **Liebe schuff ich dich und sie.**
65-76 wie II, v. 65-76
Mühsam wirst du meinen Stral erspähen
77 **Nur im Schatten wirst du mich**
78-80 wie II, v. 78-80
Nun, ihr Geister, in der Göttinn Namen
81 **o**
Die da schuff im Anbeginn der Zeit
82 **uns**
All ihr Sprößlinge von ihrem Saamen!
$_1$**Und**
83 $_2$**s die**
All' ihr Erben der Unsterblichkeit!
84 **Uns die ihrer Seeligkeit**
85-88 wie II, v. 85-88
Unbezwinglich , wie des Meeres Welle
Frei u[nd] **machtig**
89 [ä]
90-93 wie II, v. 90-93
Stolzem Spotte Fluch und Untergang,
94 **r Lüge**
95,96 wie II, v. 95,96
Stolze Lehre schleichet tod und trübe,
97 **Ha der Lüge Quell wie**
Süß und kräftig ist der Weisheit Quell;
98 **Kräftig ist der Weisheit Quell und süß**
99 Geister! Brüder! dieser Quell ist Liebe,
Ruht im Herzen still und spiegelhell.
$_1$**Ihm**
$_2$**n umgrünt der Freuden Para d es**
$_3$i
100 []$_4$**i**
101 Von des Erdelebens Tand geläutert
Ahndet Göttlichkeit der zarte Sinn,
102 **erlust**
103,104 wie II, v. 103,104
105 Geister! Brüder! unsre Seele glühe
Von der Liebe heiliger Magie,
106 **göttlicher**
Ungetrübte, stille Liebe ziehe
107 **Unbegränzte reine**
Freundlich uns zur ew'gen Harmonie!
108 **Mächtig**
109 Sichtbar adle sie die treuen Söhne!
Für die drei letzten Verse von II quer am linken Rand:
110 **Schaff' in ihnen Ruhe Muth und That**
111 **Und der heiligen Entzükung Träne**
112 **Wenn Urania der Seele naht.**
Gleichfalls am linken Rand quer wird nun (mglw. auch früher) die in V als Schluß erscheinende Halbstrophe konzipiert.
113 [133] **Erdengötter, werft die Kronen nieder.**
Rufel **Millionen, fern und nah!**
114 [134] [J] [b] [t] vgl. V, v. 134; Änderung der Intention bei Niederschrift von Rufe[t]

Und ihr Ozeane hallt es wieder
$_{1}$**Her lich! Herrlich ist Urania!**
$_{2}$**r**

V

Mglw. leicht redigierter Druck in Stäudlins *Musenalmanach fürs Jahr 1792* (D 1); unsicher erscheint z.B. die in diesem Entwurf und in zahlreichen anderen Texten Glük und Zeit – und nicht Grab und Zeit lautende Formel (vgl. hierzu Hymne an die Unsterblichkeit, Zur Textkonstitution II/III/IIa).

Emendationen bei:
Motto: *Uranie,* 2 *Kühn* 3 *Heiligthum* 7 *Ha, Götterschoße* 21 *entsproßen* 23 *beben,* 25 *Wogen,* 29 *seligen Vermählungsstunde* 47 *ungezählten* 59 *Küße* 63 *Zum* 64 *Meine schuf sie."* 65 *„Trümmer* 72 *Schuf, Kuß."* 73 *„Herrlicher* 74 *Kühnheit* 76 *seyn.* 82 *schuf* 83 *Samen,* 88 *schuf schaft.* 92 *Priesterthum.* 100 *Paradieß.* 106 *Magie.* 116 *Heiligthum.* 119 *Huldigungen,* 121 *selig*

Emendierter Text V

Hymnus an die Göttin der Harmonie.

Urania, die glänzende Jungfrau, hält mit ihrem Zaubergürtel das Weltall in tobendem Entzüken zusammen.

Ardinghello.

Froh, als könnt' ich Schöpfungen beglüken,
Kün, als huldigten die Geister mir,
Nahet, in dein Heiligtum zu bliken,
Hocherhab'ne! meine Liebe dir;
Schon erglüht der wonnetrunkne Seher
Von den Ahndungen der Herrlichkeit,
Ha! und deinem Götterschoose näher
Höhnt des Siegers Fahne Grab und Zeit.

Tausendfältig, wie der Götter Wille,
Weht Begeisterung den Sänger an,
Unerschöpflich ist der Schönheit Fülle,

Grenzenlos der Hoheit Ozean.
Doch vor Allem hab ich dich erkoren,
Bebend, als ich ferne dich ersah,
Bebend hab ich Liebe dir geschworen,
Königin der Welt! Urania.

Was der Geister stolzestes Verlangen
In den Tiefen und den Höh'n erzielt,
Hab ich allzumal in dir empfangen,
Sint dich ahndend meine Seele fühlt.
Dir entsprossen Myriaden Leben,
Als die Stralen deines Angesichts,
Wendest du dein Angesicht, so beben
Und vergeh'n sie, und die Welt ist Nichts.

Thronend auf des alten Chaos Woogen,
Majestätisch lächelnd winktest du,
Und die wilden Elemente flogen
Liebend sich auf deine Winke zu.
Froh der seeligen Vermälungsstunde
Schlangen Wesen nun um Wesen sich,
In den Himmeln, auf dem Erdenrunde
Sahst du, Meisterin! im Bilde dich. –

Ausgegossen ist des Lebens Schaale,
Bächlein, Sonnen treten in die Bahn,
Liebetrunken schmiegen junge Thale
Sich den liebetrunknen Hügeln an:
Schön und stolz wie Göttersöhne hangen
Felsen an der mütterlichen Brust,

Von der Meere wildem Arm umfangen,
Bebt das Land in niegefühlter Lust.

Warm und leise wehen nun die Lüfte,
Liebend sinkt der holde Lenz ins Thal:
Haine sprossen an dem Felsgeklüfte,
Gras und Blumen zeugt der junge Stral.
Siehe, siehe, vom empörten Meere,
Von den Hügeln, von der Thale Schoos,
Winden sich die ungezälten Heere
Freudetaumelnder Geschöpfe los.

Aus den Hainen wallt ins Lenzgefilde
Himmlischschön der Göttin Sohn hervor,
Den zum königlichen Ebenbilde
Sie im Anbeginne sich erkor:
Sanftbegrüßt von Paradiesesdüften
Steht er wonniglichen Staunens da,
Und der Liebe großen Bund zu stiften,
Singt entgegen ihm Urania:

,,Komm, o Sohn! der süßen Schöpfungsstunde,
Auserwählter, komm und liebe mich!
Meine Küsse weihten dich zum Bunde,
Hauchten Geist von meinem Geist in dich. –
Meine Welt ist deiner Seele Spiegel,
Meine Welt, o Sohn! ist Harmonie,
Freue dich! zum offenbaren Siegel
Meiner Liebe schuff ich dich und sie.

Trümmer ist der Wesen schöne Hülle,
Knüpft sie meiner Rechte Kraft nicht an.
Mir entströmt der Schönheit ew'ge Fülle,
Mir der Hoheit weiter Ozean.
Danke mir der zauberischen Liebe,
Mir der Freude stärkenden Genuß,
Deine Thränen, deine schönsten Triebe
Schuff, o Sohn! der schöpferische Kuß.

Herrlicher mein Bild in dir zu finden,
Haucht' ich Kräfte dir und Künheit ein,
Meines Reichs Geseze zu ergründen,
Schöpfer meiner Schöpfungen zu sein.
Nur im Schatten wirst du mich erspähen,
Aber liebe, liebe mich, o Sohn!
Drüben wirst du meine Klarheit sehen,
Drüben kosten deiner Liebe Lohn."

Nun, o Geister! in der Göttin Namen,
Die uns schuff im Anbeginn der Zeit,
Uns, die Sprößlinge von ihrem Saamen,
Uns, die Erben ihrer Herrlichkeit,
Kommt zu feierlichen Huldigungen
Mit der Seele ganzer Götterkraft,
Mit der höchsten der Begeisterungen
Schwört vor ihr, die schuff und ewig schaft!

Frei und mächtig, wie des Meeres Welle,
Rein wie Bächlein in Elysium,
Sei der Dienst an ihres Tempels Schwelle,

Sei der Wahrheit hohes Priestertum.
Nieder, nieder mit verjährtem Wahne!
Stolzer Lüge Fluch und Untergang,
Ruhm der Weisheit unbeflekter Fahne,
Den Gerechten Ruhm und Siegsgesang!

Ha, der Lüge Quell – wie todt und trübe!
Kräftig ist der Weisheit Quell und süß!
Geister! Brüder! dieser Quell ist Liebe,
Ihn umgrünt der Freuden Paradies.
Von des Erdelebens Tand geläutert,
Ahndet Götterlust der zarte Sinn,
Von der Liebe Labetrunk erheitert,
Naht die Seele sich der Schöpferin.

Geister! Brüder! unser Bund erglühe
Von der Liebe göttlicher Magie,
Unbegränzte, reine Liebe ziehe
Freundlich uns zur hohen Harmonie.
Sichtbar adle sie die treuen Söhne,
Schaff' in ihnen Ruhe, Muth und That,
Und der heiligen Entzükung Thräne,
Wenn Urania der Seele naht.

Siehe, Stolz und Hader ist vernichtet,
Trug ist nun und blinde Lüge stumm,
Streng' ist Licht und Finsterniß gesichtet,
Rein der Wahrheit stilles Heiligtum.
Unsrer Wünsche Kampf ist ausgerungen,
Himmelsruh errang der heiße Streit,

Und die priesterlichen Huldigungen
Lohnet göttliche Genügsamkeit.

Stark und seelig in der Liebe Leben
Staunen wir des Herzens Himmel an,
Schnell wie Seraphin im Fluge, schweben
Wir zur hohen Harmonie hinan.
Das vermag die Saite nicht zu künden,
Was Urania den Sehern ist,
Wenn von hinnen Nacht und Wolke schwinden,
Und in ihr die Seele sich vergißt.

Kommt den Jubelsang mit uns zu singen,
Denen Liebe gab die Schöpferin!
Millionen, kommt emporzuringen
Im Triumphe zu der Königin!
Erdengötter, werft die Kronen nieder!
Jubelt Millionen fern und nah!
Und ihr Orione hallt es wieder:
Heilig, heilig ist Urania!

Erste
Hymne an die Freiheit

Neuffer gibt für die vier in Stäudlins *Musenalmanach 1792* erschienenen Gedichte 1790 als Entstehungsjahr an. Es ist jedoch unwahrscheinlich, daß alle zum ersten Hymnen-Zyklus gehörenden Gedichte noch bis zum Jahresende entworfen wurden. Wenn Hölderlin die Druckvorlagen (wie für den zweiten Almanach) erst im März oder April einreichte, ist vielmehr der Winter 1790/91 als ungefährer Entstehungszeitraum anzunehmen. Da für diesen und die folgenden Texte keine Handschriften und auch keine brieflichen Nachrichten vorliegen, ist nur eine hypothetische Chronologie, nach stilkritischen und inhaltlichen Erwägungen, möglich.

I
Druck in Stäudlins *Musenalmanach für das Jahr 1792* (D1).
Emendationen bei:
7 *Ueber* 10 *kühn selig* 11 *Götterküßen* 15 *Göttinn* 21 *Uebermuth* 24 *Paradieß.* 44 *Uebermuth;* 47 *Welke Blume!* 51 *Uebermuthe* 66 *Königinn!* 68 *segenschwang're* 81 *Uebermuth* 84 *kühn* 92 *Ueber* 96 *Uebermuth!* 97 *süssen* 98 *Ernte*

Emendierter Text

Hymne an die
Freiheit.

Wie den Aar im grauen Felsenhange
Wildes Sehnen zu der Sterne Bahn,
Flammt zu majestätischem Gesange
Meiner Freuden Ungestümm mich an;
Ha! das neue niegenoß'ne Leben
Schaffet neuen glühenden Entschluß!
Über Wahn und Stolz emporzuschweben,
Süßer unaussprechlicher Genuß!

Sint dem Staube mich ihr Arm entrissen,
Schlägt das Herz so kün und seelig ihr;
Angeflammt von ihren Götterküssen
Glühet noch die heiße Wange mir;
Jeder Laut von ihrem Zaubermunde

Adelt noch den neugeschaff'nen Sinn –
Hört, o Geister! meiner Göttin Kunde,
Hört, und huldiget der Herrscherin!

„Als die Liebe noch im Schäferkleide
Mit der Unschuld unter Blumen gieng,
Und der Erdensohn in Ruh' und Freude
Der Natur am Mutterbusen hieng,
Nicht der Übermuth auf Richterstühlen
Blind und fürchterlich das Band zerriß;
Tauscht' ich gerne mit der Götter Spielen
Meiner Kinder stilles Paradies.

Liebe rief die jugendlichen Triebe
Schöpferisch zu hoher stiller That,
Jeden Keim entfaltete der Liebe
Wärm' und Licht zu schwelgerischer Saat;
Deine Flügel, hohe Liebe! trugen
Lächelnd nieder die Olympier;
Jubeltöne klangen – Herzen schlugen
An der Götter Busen göttlicher.

Freundlich bot der Freuden süße Fülle
Meinen Lieblingen die Unschuld dar;
Unverkennbar in der schönen Hülle
Wußte Tugend nicht, wie schön sie war;
Friedlich hausten in der Blumenhügel
Kühlem Schatten die Genügsamen –
Ach! des Haders und der Sorge Flügel
Rauschte ferne von den Glüklichen.

Wehe nun! – mein Paradies erbebte!
Fluch verhieß der Elemente Wut!
Und der Nächte schwarzem Schoos' entschwebte
Mit des Geiers Blik der Übermuth;
Wehe! weinend floh' ich mit der Liebe
Mit der Unschuld in die Himmel hin –
Welke, Blume! rief ich ernst und trübe,
Welke, nimmer, nimmer aufzublüh'n!

Kek erhub sich des Gesezes Ruthe,
Nachzubilden, was die Liebe schuf;
Ach! gegeisselt von dem Übermuthe
Fühlte keiner göttlichen Beruf;
Vor dem Geist in schwarzen Ungewittern,
Vor dem Racheschwerdte des Gerichts
Lernte so der blinde Sklave zittern,
Fröhnt' und starb im Schreken seines Nichts.

Kehret nun zu Lieb' und Treue wieder –
Ach! es zieht zu langentbehrter Lust
Unbezwinglich mich die Liebe nieder –
Kinder! kehret an die Mutterbrust!
Ewig sei vergessen und vernichtet,
Was ich zürnend vor den Göttern schwur;
Liebe hat den langen Zwist geschlichtet,
Herrschet wieder! Herrscher der Natur!"

Froh und göttlichgroß ist deine Kunde,
Königin! dich preise Kraft und That!
Schon beginnt die neue Schöpfungsstunde,

Schon entkeimt die seegenschwang're Saat:
Majestätisch, wie die Wandelsterne,
Neuerwacht am off'nen Ozean,
Stralst du uns in königlicher Ferne,
Freies kommendes Jahrhundert! an.

Staunend kennt der große Stamm sich wieder,
Millionen knüpft der Liebe Band;
Glühend steh'n, und stolz, die neuen Brüder,
Stehn und dulden für das Vaterland;
Wie der Epheu, treu und sanft umwunden,
Zu der Eiche stolzen Höh'n hinauf,
Schwingen, ewig brüderlich verbunden,
Nun am Helden Tausende sich auf.

Nimmer beugt, vom Übermuth belogen,
Sich die freie Seele grauem Wahn;
Von der Muse zarter Hand erzogen
Schmiegt sie kün an Göttlichkeit sich an;
Götter führt in brüderlicher Hülle
Ihr die zauberische Muse zu,
Und gestärkt in reiner Freuden Fülle,
Kostet sie der Götter stolze Ruh!

Froh verhöhnt das königliche Leben
Deine Taumel, niedre feige Lust!
Der Vollendung Ahndungen erheben
Über Glük und Zeit die stolze Brust. –
Ha! getilget ist die alte Schande!
Neuerkauft das angestammte Gut!

In dem Staube modern alle Bande,
Und zur Hölle flieht der Übermuth!

Dann am süßen heißerrungnen Ziele,
Wenn der Erndte großer Tag beginnt,
Wenn verödet die Tirannenstühle,
Die Tirannenknechte Moder sind,
Wenn im Heldenbunde meiner Brüder
Deutsches Blut und deutsche Liebe glüht;
Dann, o Himmelstochter! sing' ich wieder,
Singe sterbend dir das lezte Lied.

Hymne an die Muse

Die Hymne eröffnet Stäudlins Almanach und stand vermutlich auch in Hölderlins Druckvorlage an erster Stelle, doch ist aus der Diktion und der abgekürzten Hereinnahme früherer Motive (z. B. v. 5-8 als Wiederholung aus dem ursprünglichen Beginn der *Hymne an die Warheit* II, v. 1-4) eher eine spätere Entstehung abzuleiten. In Hölderlins Handexemplar finden sich Korrekturen, die wahrscheinlich von der Prinzessin Auguste von Homburg und von Neuffer stammen, in dessen Hände das Exemplar später gelangt sein muß. Das Fehlen eigenhändiger Änderungen widerlegt pars pro toto die frühere Annahme, daß den Abschriften der Prinzessin, wie auch den Drucken Neuffers, von Hölderlin revidierte Drucke zu Grunde gelegen haben könnten.

I

Druck in Stäudlins *Musenalmanach für das Jahr 1792* (D1).
Emendationen bei: 8 *dies* 12 *Odem* 14 *Königinn* 18 *Königinn!* 22 *Odem* 25 *Adlersblike* *s* von fremder Hd unterstr. 26 *kühner* 28 *Schöpferinn* 36 *Göttinn* 38 *Muter Zeit* von fremder Hd am Rand: *Väter* 55 *Todesvollen* 57 *Oede* 61 *kühn* 68 *Göttinn* 70 *Odem* 87 *bleicher* 108 *Königinn!* 112 *seligem*

Emendierter Text

Hymne an die Muse.

Schwach zu königlichem Feierliede,
Schloß ich lang genug geheim und stumm
Deine Freuden, hohe Pieride!
In des Herzens stilles Heiligtum;
Endlich, endlich soll die Saite künden,
Wie von Liebe mir die Seele glüht,
Unzertrennbarer den Bund zu binden,
Soll dir huldigen diß Feierlied.

Auf den Höh'n, am ernsten Felsenhange,
Wo so gerne mir die Thräne rann,
Säuselte die frühe Knabenwange
Schon dein zauberischer Othem an; –
Bin ich, Himmlische, der Göttergnaden?
Königin der Geister, bin ich werth,

Daß mich oft, des Erdetands entladen,
Dein allmächtiges Umarmen ehrt? –

Ha! vermöcht' ich nun, dir nachzuringen,
Königin! in deiner Götterkraft
Deines Reiches Gränze zu erschwingen,
Auszusprechen, was dein Zauber schaft! –
Siehe! die geflügelten Aeonen
Hält gebieterisch dein Othem an,
Deinem Zauber huldigen Dämonen,
Staub und Aether ist dir unterthan.

Wo der Forscher Adlersblike beben,
Wo der Hofnung küner Flügel sinkt,
Keimet aus der Tiefe Lust und Leben,
Wenn die Schöpferin vom Throne winkt;
Seiner Früchte süßestes bereitet
Ihr der Wahrheit gränzenloses Land;
Und der Liebe schöne Quelle leitet
In der Weisheit Hain der Göttin Hand.

Was vergessen wallt an Lethes Strande,
Was der Enkel eitle Waare dekt,
Stralt heran im blendenden Gewande,
Freundlich von der Göttin auferwekt;
Was in Hütten und in Heldenstaaten
In der göttergleichen Väter Zeit
Große Seelen duldeten und thaten,
Lohnt die Muse mit Unsterblichkeit.

Sieh'! am Dornenstrauche keimt die Rose,
So des Lenzes holder Stral erglüht; –
In der Pieride Mutterschoose
Ist der Menschheit Adel aufgeblüht;
Auf des Wilden krausgelokte Wange
Drükt sie zauberisch den Götterkuß,
Und im ersten glühenden Gesange
Fühlt er staunend geistigen Genuß.

Liebend lächelt nun der Himmel nieder,
Leben athmen alle Schöpfungen,
Und im morgenröthlichen Gefieder
Nahen freundlich die Unsterblichen.
Heilige Begeisterung erbauet
In dem Haine nun ein Heiligtum,
Und im todesvollen Kampfe schauet
Der Heroë nach Elysium.

Öde stehn und dürre die Gefilde,
Wo die Blüthen das Gesez erzwingt;
Aber wo in königlicher Milde
Ihren Zauberstab die Muse schwingt,
Blühen schwelgerisch und kün die Saaten,
Reifen, wie der Wandelsterne Lauf,
Schnell und herrlich Hofnungen und Thaten
Der Geschlechter zur Vollendung auf.

Laß der Wonne Zähre dir gefallen!
Laß die Seele des Begeisterten
In der Liebe Taumel überwallen!

Laß, o Göttin! laß mich huldigen! –
Siehe! die geflügelten Aeonen
Hält gebieterisch dein Othem an,
Deinem Zauber huldigen Dämonen –
Ewig bin auch ich dir unterthan.

Mag der Pöbel seinen Gözen zollen,
Mag, aus deinem Heiligtum verbannt
Deinen Lieblingen das Laster grollen,
Mag, in ihrer Schwäche Schmerz entbrannt,
Stolze Lüge deine Würde schänden,
Und dein Edelstes dem Staube weih'n,
Mag sie Blüthe mir und Kraft verschwenden,
Meine Liebe! – dieses Herz ist dein!

In der Liebe volle Lust zerflossen,
Höhnt das Herz der Zeiten trägen Lauf,
Stark und rein im Innersten genossen,
Wiegt der Augenblik Aeonen auf; –
Wehe! wem des Lebens schöner Morgen
Freude nicht und trunkne Liebe schafft,
Wem am Sklavenbande blaicher Sorgen
Zum Genusse Kraft und Muth erschlafft.

Deine Priester, hohe Pieride!
Schwingen frei und froh den Pilgerstab,
Mit der allgewaltigen Aegide
Lenkst du mütterlich die Sorgen ab;
Schäumend beut die zauberische Schaale
Die Natur den Auserkornen dar,

Trunken von der Schönheit Göttermahle
Höhnet Glük und Zeit die frohe Schaar.

Frei und muthig, wie im Siegesliede,
Wallen sie der edeln Geister Bahn,
Dein Umarmen, hohe Pieride!
Flammt zu königlichen Thaten an; –
Laßt die Miethlinge den Preis erspähen!
Laßt sie seufzend für die Tugenden,
Für den Schweis am Joche Lohn erflehen!
Muth und That ist Lohn den Edleren!

Ha! von ihr, von ihr emporgehoben
Blikt dem Ziele zu der trunkne Sinn –
Hör' es, Erd und Himmel! wir geloben,
Ewig Priestertum der Königin!
Kommt zu süßem brüderlichem Bunde,
Denen sie den Adel anerschuf,
Millionen auf dem Erdenrunde!
Kommt zu neuem seeligem Beruf!

Ewig sei ergrauter Wahn vergessen!
Was der reinen Geister Aug' ermißt,
Hoffe nie die Spanne zu ermessen! –
Betet an, was schön und herrlich ist!
Kostet frei, was die Natur bereitet,
Folgt der Pieride treuen Hand,
Geht, wohin die reine Liebe leitet,
Liebt und sterbt für Freund und Vaterland!

Melodie

Die handschriftliche Vorlage des Erstdrucks in Christoph Theodor Schwabs Ausgabe von 1846 ist nicht überliefert. Zahlreiche Verse verfügen jedoch über Material aus der im November 1790 aufgegebenen *Hymne an die Unsterblichkeit*, so daß anzunehmen ist, daß diese erste Huldigung an Elise Lebret, die Tochter des Tübinger Universitätskanzlers, zum Hymnen-Zyklus des Winters 1790/91 gehört und vielleicht statt des späteren Gedichts *Meine Genesung* für Stäudlins Almanach vorgesehen war. Der Schluß von *Melodie* enthält überdies das umgestaltete *Ardinghello*-Motto des *Hymnus an die Göttin der Harmonie*. Es ist nicht unwahrscheinlich, daß Hölderlin ursprünglich vier rhythmisch gleichartige Gedichte eingereicht hatte und erst im letzten Augenblick, nachdem deren formale Homogenität auf Kritik gestoßen war, wenigstens noch diesen Text austauschte. So rezensiert Schubart im Frühherbst 1791 in seiner *Chronik*: *Unser Stäudlin tritt nach einer langen Pause wieder mit einem Musenalmanach hervor, der sich an der Seite keines vorigen schämen darf. Es haben sich da wieder junge Dichter entfaltet, die schöne Hofnungen duften. Hölderlins Muse ist eine ernste Muse; sie wählt edle Gegenstände; nur fast immer in gereimten zehenfüßigen Jamben* (tatsächlich Trochäen), *wodurch seine Gedichte sehr eintönig werden.*

Druck in *Friedrich Hölderlin's sämmtliche Werke*, hg. von Chr. Th. Schwab, 1846.
Emendationen bei:
11 *Frühling* 16 *Schreckenbahn.* 29 *Woge,* 41 *Blicke* 42 *Locket* 43 *Mißgeschicke* 46 *Ungestüm,* 64 *Entzückung* 67 *Entzückungsthränen* 68 *Naher* (im Druckfehlerverz. berichtigt)

Emendierter Text

Melodie

an Lida.

Lida, siehe! zauberisch umwunden
Hält das All der Liebe Schöpferhand,
Erd' und Himmel wandeln treu verbunden,
Laut und Seele knüpft der Liebe Band.
Lüftchen säuseln, Donner rollen nieder –
Staune, Liebe! staun' und freue dich!
Seelen finden sich im Donner wieder,
Seelen kennen in dem Lüftchen sich.

Am Gesträuche lullt in Liebesträume
Süße Trunkenheit das Mädchen ein,

Haucht der Früling durch die Blüthenbäume,
Summen Abendsang die Käferlein:
Helden springen von der Schlummerstätte,
Grüßt sie brüderlich der Nachtorkan;
Hinzuschmettern die Tyrannenkette
Wallen sie die traute Schrekenbahn.

Wo der Todtenkranz am Grabe flüstert,
Wo der Wurm in schwarzen Wunden nagt,
Wo, vom grauen Felsenstrauch umdüstert,
Durch die Haide hin der Rabe klagt:
Wo die Lerch' im Thale froher Lieder,
Plätschernd die Forell' im Bache tanzt;
Tönt die Seele Sympathieen wieder,
Von der Liebe Zauber eingepflanzt.

Wo des Geiers Schrei des Raubs sich freuet,
Wo der Aar dem Felsennest entbraust,
Wo Gemäuer ächzend niederdräuet,
Wo der Wintersturm in Trümmern saust,
Wo die Wooge, vom Orkan bezwungen,
Wieder auf zum schwarzen Himmel tost,
Trinkt das Riesenherz Begeisterungen,
Von den Schmeicheltönen liebgekost.

Felsen zwingt zu trauten Mitgefühlen
Tausendstimmiger Naturgesang,
Aber süßer tönt von Saitenspielen
Allgewaltiger ihr Zauberklang;
Rascher pocht im angestammten Triebe,

Bang und süße, wie der jungen Braut,
Jeder Aderschlag, in trunkner Liebe
Find't das Herz den brüderlichen Laut.

Aus des Jammerers erstarrtem Blike
Loket Labethränen Flötenton,
Im Gedränge schwarzer Mißgeschike
Schafft die Schlachttrommete Siegeslohn,
Wie der Stürme Macht im Rosenstrauche,
Reißt dahin der Saiten Ungestümm,
Kosend huldiget dem Liebeshauche
Sanfter Melodie der Rache Grimm.

Reizender erglüht der Wangen Rose,
Flammenathem haucht der Purpurmund,
Hingebannt bei lispelndem Gekose
Schwört die Liebe den Vermählungsbund;
Niegesung'ne königliche Lieder
Sprossen in des Sängers Brust empor,
Stolzer schwebt des Hochgesangs Gefieder,
Rührt der Töne Reigentanz das Ohr;

Wie sie langsam erst am Hügel wallen,
Majestätisch dann wie Siegersgang,
Hochgehoben zu der Freude Hallen,
Liebe singen und Triumphgesang;
Dann durch Labyrinthe hingetragen
Fürder schleichen in dem Todesthal,
Bis die Nachtgefilde schöner tagen,
Bis Entzükung jauchzt am Göttermahl.

Ha! und wann mir in des Sanges Tönen
Näher meiner Liebe Seele schwebt,
Hingegossen in Entzükungsthränen
Näher ihr des Sängers Seele bebt,
Wähn' ich nicht vom Körper losgebunden
Hinzujauchzen in der Geister Land? –
Lida! Lida! zauberisch umwunden
Hält das All der Liebe Schöpferhand.

Meine Genesung

Das Lied unterscheidet sich merklich von dem reinen, strahlenden Pathos der drei großen Hymnen im ersten Stäudlinschen *Musenalmanach fürs Jahr 1792*, von denen es auch metrisch abgesetzt ist. Sicher spielte hier auch die Konvention eine Rolle, welche dem Dichter die dankbare Verewigung der Geliebten auferlegt. Dieses mehr gefällige Moment war, nach Hölderlins eigenem Geständnis, für seine Beziehung zu Elise Lebret charakteristisch (vgl. Anm. zu *Abschied von Lyda*). In einer vermutlich von Karl Philipp Conz stammenden Rezension in *Tübingische gelehrte Anzeigen* vom 26.12.1791 ist jener qualitative Unterschied angemerkt: *Hölderlins Muse hat viele Kraft – des Gedankens und Ausdruks. Wir empfehlen vornehmlich die beyden Hymnen S. 1 und S. 112* (*Hymne an die Muse* und *Hymne an die Freiheit*). *Weniger hat uns die an die Harmonie, die von zu unbestimmten Begriffen sichtbar ausgieng, und auch das Liedchen S. 163 gefallen.*

Druck in Stäudlins *Musenalmanach für das Jahr 1792* (D1).
Emendationen bei: 1 *Blüte* 17 *Ha, Göttermale* 26 *selig* 38 *bleiche*

Emendierter Text

Meine Genesung
an Lyda.

Jede Blüthe war gefallen
Von dem Stamme; Muth und Kraft,
Fürder meine Bahn zu wallen,
War im Kampfe mir erschlaft.
Weggeschwunden Lust und Leben!
Früher Jahre stolze Ruh
Meinem Grame hingegeben,
Wankt' ich still dem Grabe zu.

Himmel, wie das Herz vergebens
Oft nach edler Liebe rang!
Oft getäuscht, des Erdelebens
Träum' und Hofnungen umschlang.
Ach, den Kummer abzuwenden,
Bat ich, freundliche Natur!

Oft von deinen Mutterhänden
Einen Tropfen Freude nur.

Ha! an deinem Göttermahle
Trink ich nun Vergessenheit,
In der vollen Zauberschaale
Reichst du Kraft und Süßigkeit.
In Entzükungen verloren
Staun' ich die Verwandlung an!
Flur und Hain ist neugeboren,
Göttlich stralt der Lenz heran. –

Daß ich wieder Kraft gewinne,
Frei wie einst und seelig bin,
Dank ich deinem Himmelssinne,
Lyda! süße Retterin!
Labung lächelte dem Müden,
Hohen Muth dein Auge zu,
Hohen Muth wie du, zufrieden,
Gut zu seyn und groß wie du.

Stark in meiner Freuden Fülle
Wall ich fürder nun die Bahn,
Reizend in der Wolkenhülle
Flammt das ferne Ziel mich an.
Mags den Peinigern gelingen!
Mag die blaiche Sorge sich
Um die stille Klause schwingen!
Lyda! Lyda tröstet mich!

Hymne an die Schönheit

Wann der erste, noch siebenstrophige und von Hölderlin selbst im Juni 1791 datierte Entwurf auf den doppelten Umfang der Druckfassung in Stäudlins *Poetische Blumenlese fürs Jahr 1793* erweitert wurde, ist schwer zu bestimmen. Das Motto dieser Fassung, das einen Satz aus der *Kritik der Urtheilskraft § 42* paraphrasiert, ist nicht dem in Hölderlins Besitz befindlichen Nachdruck von 1792 entnommen, sondern dem seit Frühjahr 1792 vorliegenden Roman Friedrich Heinrich Jacobis *Eduard Allwills Briefsammlung*. Mit der symmetrischen Reimordnung dieser Hymne, aber auch mit der formalen Variation in fast allen übrigen Gedichten der *Blumenlese 1793*, reagiert Hölderlin offensichtlich auf Schubarts Kritik am ersten Hymnenzyklus (vgl. Anm. zu *Melodie*).

I

Vorläufige Reinschrift.

Varianten und Emendationen:

7 $_1$**un**st $_2$**gestümm** 10 $_1$gl $_2$**schien.** 17 $_1$E $_2$**Der** 26 $_1$**schre**n $_2$**kenden** 36 $_1$**Vo**m $_2$**n** 39 $_1$**hell** of $_2$**u**[nd] **offen** 43 $_1$**Bebend** an dem | $_2$**dir am**| **Götter**b[m]**unde** 47 $_1$**F**l $_2$**olgte** 50 $_1$**Ihre**r A $_2$**s Zaubers Allgewalt.** 51 $_1$**den** d $_2$**Tiefen** 56 $_1$**das** da $_2$**Thal** 59 $_1$**In den** still $_2$**klaren Wasserspiegel** 62 **Sanf**[t] **berürt** 63 **Von** [der] **Lippe** 66 $_1$**Ach! in**| $_2$**all**| **der Meisterzüge** 68 $_1$Ih $_2$**In** 70 $_1$Die $_2$**Fand die**

II

Vmtl. nachträgliche Textänderungen in I.

Hervorhebende Unterstreichungen der Überschrift, des Datums und von v. 15, 29, 35, 36 mglw. schon bei Niederschrift von I.

wie I, T und v. 1-5 T,1-5

Nun, so wall' ich one Zagen
Ha! 6

Wall' ich ungestümm und kün,
Durch die Liebe froh 7

wie I, v. 8-14 8-14

Schönheit in der Urgestalt;
[Schönheit] 15

wie I, v. 16-28 16-28

Wo von Ihrem Angesichte
i[hrem] 29

wie I, v. 30-34 30-34

Hüpften blühend vor dir hin;
üppig 35

wie I, v. 36-39 36-39

Grüßten Kerkerwände dich.
Wahn u[nd] **Irre** 40

Strophenfuge und Fortsetzung in der rechten Spalte.

Früh' erzog zu süßem Bunde
$_1$Dort **im** schönen **Erdenrunde**
$_2$**Schon grünen** 41

Mich der himmlische Genuß
$_1$**Schmekt** h
$_2$**ich hohen Vorgenuß** 42

wie I, v. 43-65 43-65

Textänderungen und Textwiederholung in der linken Spalte unten.

Ach! in all der Meisterzüge
In der hohen Meisterzüge 66

Zauberischer Harmonie
$_1$Z
$_2$**Wonniglicher Harmonie** 67

In der Stimme Melodie
68 **In der Stimme Melodie**
Fand beglükt in ihrem Siege
69 **Fand, verrathen ihrem Siege**
Fand die trunkne Liebe sie.
70 **Fand die trunkne Seele Sie**[.]

Emendierter Text II

Hymne an die Schönheit.

Jun. 91.

Hab ich vor der Götter Ohren
Zauberische Muse, dir
Lieb und Treue nicht geschworen?
Sankst du nicht in Lust verloren
Glühend in die Arme mir? –
Ha! so wall' ich one Zagen
Durch die Liebe froh und kün,
Lächelnd zu den Höhen hin
Wo die lezten Nächte tagen,
Wo der Sonnen lezte schien.

Waltend über Orionen,
Wo der Sterne Klang verhallt,
Lächelt, opfernden Dämonen
Mit der Liebe Blik zu lonen
Schönheit in der Urgestalt;
Dort dem hohen Götterglanze
Der Gebieterin zu nah'n,
Flammet Lieb' und Stolz mich an,
Denn mit hellem Siegeskranze
Lonet sie die küne Bahn.

Reinere Begeisterungen
Trinkt die freie Seele schon,
Meines Lebens Peinigungen
Hat die neue Lust verschlungen,
Nacht und Wolke sind entflohn;
Wann im schrekenden Gerichte
Schnell der Welten Axe bricht
Hier erbebt die Liebe nicht,

Wo von ihrem Angesichte
Lieb' und Göttergröße spricht.

Stiegst du so zur Erde nieder,
Hohe süße Zauberin!
Ha! der Staub erwachte wieder
Und des Kummers morsche Glieder
Hüpften üppig vor dir hin;
Von der Liebe Blik betroffen
Bebt' und küßte brüderlich
Groll und wilder Haader sich,
Wie der Himmel, hell und offen
Grüßten Wahn und Irre dich.

Schon im grünen Erdenrunde
Schmekt ich hohen Vorgenuß
Bebend dir am Göttermunde
Trank ich früh der Weihestunde
Süßen mütterlichen Kuß;
Fremde meinem Kindersinne
Folgte mir zu Wies' und Wald
Die arkadische Gestalt.
Ha! und staunend ward ich inne
Ihres Zaubers Allgewalt.

In den Tiefen und den Höhen
Der erfreuenden Natur
Fand' ich, Wonne zu erspähen
Von der Holdin ausersehen
Liebetrunken ihre Spur;
Wo das Thal der Blumenhügel
Freundlich in die Arme schloß,
Wo die Quelle niederfloß
In den klaren Wasserspiegel
Fand ich Spuren, hold und groß!

Glühend an der Purpurwange
Sanft berürt vom Lokenhaar
Von der Lippe, süß und bange
Bebend in dem Liebesdrange

Vom geschloßnen Augenpaar,
In der hohen Meisterzüge
Wonniglicher Harmonie
In der Stimme Melodie
Fand, verrathen ihrem Siege
Fand die trunkne Seele Sie.

III
Druck der umgeformten und erweiterten Hymne in Stäudlins *Poetische Blumenlese fürs Jahr 1793* (D2).
Emendationen bei:
7 *kühn* 20 *kühne* 26 *Wenn* 28 *erbleicht* 29 *Angesicht* 38 *Hader* 45 *Süssen* 67 *Kühne* 73 *Ueber* 74 *Wundergaben,* 80 *Trunkenheit,* 81 *kühnem erkohren!* 82 *Priesterthum!* 100 *kühne* 108 *süsse* 113 *süsse* 126 *gedungen* 128 *grossen* 133 *kühnen* 134 *Süsse* 138 *Heiligthum',*

Emendierter Text III

Hymne
an die Schönheit.

Die Natur in ihren schönen Formen spricht figürlich zu uns, und die Auslegungsgabe ihrer Chiffernschrift ist uns im moralischen Gefühl verliehen.

Kant.

Hat vor aller Götter Ohren
Zauberische Muse! dir
Treue bis zu Orkus Thoren
Meine Seele nicht geschworen?
Lachte nicht dein Auge mir?
Ha! so wall' ich ohne Beben,
Durch die Liebe froh und kün
Zu den ernsten Höhen hin,
Wo in ewig jungem Leben
Kränze für den Sänger blüh'n.

Waltend über Orionen,
Wo der Pole Klang verhallt,
Lacht vollendeter Dämonen
Priesterlichen Dienst zu lohnen,
Schönheit in der Urgestalt;
Dort im Glanze mich zu sonnen,
Dort der Schöpferin zu nah'n,
Flammet stolzer Wunsch mich an,
Denn mit hohen Siegeswonnen
Lohnet sie die küne Bahn.

Reinere Begeisterungen
Trinkt die freie Seele schon;
Meines Lebens Peinigungen
Hat die neue Lust verschlungen,
Nacht und Wolke sind entfloh'n;
Wann im schrekenden Gerichte
Schnell der Welten Axe bricht –
Hier erblaicht die Freude nicht,
Wo von ihrem Angesichte
Lieb' und stille Größe spricht.

Stiegst du so zur Erde nieder,
Königin im Lichtgewand'!
Ha! der Staub erwachte wieder,
Und des Kummers morsch Gefieder
Schwänge sich in's Jubelland;
Durch der Liebe Blik genesen
Freut' und küßte brüderlich
Groll und wilder Haader sich;

Jubelnd fühlten alle Wesen
Auf erhöhter Stuffe dich.

Schon im grünen Erdenrunde
Schmekt' ich hohen Vorgenuß;
Bebend dir am Göttermunde,
Trank ich früh der Weihestunde
Süßen mütterlichen Kuß;
Fremde meinem Kindersinne
Folgte mir zu Wies' und Wald
Die arkadische Gestalt –
Ha! und staunend ward ich inne
Ihres Zaubers Allgewalt.

In den Tiefen und den Höhen
Ihrer Tochter, der Natur,
Fand ich, Wonne zu erspähen
Von der Holdin ausersehen,
Rein und trunken ihre Spur;
Wo das Thal der Tannenhügel
Freundlich in die Arme schloß,
Wo die Quelle niederfloß
In dem blauen Wasserspiegel,
Fühlt' ich seelig mich und groß. –

Lächle, Grazie der Wange!
Götterauge, rein und mild!
Leihe, daß er leb' und prange
Deinen Adel dem Gesange,
Meiner Antiphile Bild. –

Mutter! dich erspäht der Söhne
Küne Liebe fern und nah;
Schon im holden Schleier sah,
Schon in Antiphilens Schöne
Kannt' ich dich, Urania!

Siehe! mild, wie du, erlaben
Sinn und Herz dem Endlichen,
Über Preis und Lohn erhaben,
Deiner Priester Wundergaaben,
Deiner Söhne Schöpfungen;
Ha! mit tausend Huldigungen
Glühend, wie sich Jachus freut,
Kost' ich eurer Göttlichkeit,
Söhne der Begeisterungen!
Kost' und jauchze Trunkenheit.

Schaar, zu künem Ziel' erkoren!
Still' und mächtig Priestertum!
Lieblinge! von euch beschworen,
Blüht im Kreise güldner Horen,
Wo ihr wallt, Elysium; –
O! so lindert, ihr Geweihten!
Der gedrükten Brüder Last!
Seid der Tyrannei verhaßt!
Kostet eurer Seeligkeiten!
Darbet, wo der Schmeichler praßt!

Ha! die schönsten Keim' entfalten
In der Priester Dienste sich; –

Freuden, welche nie veralten,
Lächeln, wo die Götter walten –
Diese Freuden ahndet' ich!
Hier im Glanze mich zu sonnen,
Hier der Schöpferin zu nah'n,
Flammte stolzer Wunsch mich an,
Und mit hohen Siegeswonnen
Lohnet sie die küne Bahn.

Feiert, wie an Hochaltären
Dieser Geister lichte Schaar,
Brüder! bringt der Liebe Zähren,
Bringt, die Göttliche zu ehren,
Muth und That zum Opfer dar!
Huldiget! von diesem Trone
Donnert ewig kein Gericht,
Ihres Reiches süße Pflicht
Kündet sie im Muttertone –
Hört! die Götterstimme spricht:

„Mahnt im seeligen Genieße,
Mahnet nicht, am Innern sie
Nachzubilden, jede süße
Stelle meiner Paradiese,
Jede Weltenharmonie?
Mein ist, wem des Bildes Adel
Zauberisch das Herz verschönt,
Daß er niedre Gier verhöhnt,
Und im Leben ohne Tadel
Reine Götterlust ersehnt.

Was im eisernen Gebiete
Mühsam das Gesez erzwingt,
Reift, wie Hesperidenblüthe,
Schnell zu wandelloser Güte,
So mein Stral an's Innre dringt;
Knechte, vom Gesez gedungen,
Heischen ihrer Mühe Lohn;
Meiner Gottheit großen Sohn
Lohnt der treuen Huldigungen,
Lohnt der Liebe Wonne schon.

Rein, wie diese Sterne klingen,
Wie melodisch himmelwärts
Auf der künen Freude Schwingen
Süße Preisgesänge dringen,
Naht sich mir des Sohnes Herz;
Schöner blüht der Liebe Rose!
Ewig ist die Klage stumm!
Aus des Geistes Heiligtum',
Und, Natur! in deinem Schoose
Lächelt ihm Elysium."

Hymne an den Genius Griechenlands

Der Entwurf ist nicht zu Ende geführt; auf der letzten Seite des Doppelblatts hat Hölderlin, dem Duktus nach nicht wesentlich später, den gleichfalls Fragment gebliebenen Entwurf eines *Abschieds von Lyda* notiert, der im Herbst 1791 entstanden sein muß. Nach Aufgabe der Reimstrophen plante Hölderlin offensichtlich einen Rückgriff auf die freie Form der Stolbergschen Hymne, wie er sie etwa in *Am Tage der Freundschaftsfeier* angewandt hatte (vgl. Bd. 1). Bemerkenswert dabei, daß die natürliche Konzeptform zur Kunstform erhoben werden soll – ein Schritt, der erst neun Jahre später, nach einer umfassenden poetologischen Reflexion zur künstlerischen Notwendigkeit wird.

I

Erstes, vmtl. überschriftloses Textkonzept; Vorfügung von T, v. 1,2 sowie Neuformulierung von v. 5,6 vmtl. erst nach v. 27 (vgl. Ia).

[T]
[1]
[2]
3 **Da steigst du herab**
4 **Aus Kronos Halle**
5 **Du Erstgeborner**
6 **Der hohen Natur!**
Vmtl. Strophenfuge.
$_1$**Ha! bei** Un
7 $_2$**der Unsterblichen**
8 **Die dich gebahr,**
9 **Dir gleichet keiner**
10 **Unter den Brüdern**
11 **Den Völkerbeherrschern**
12 **Den Angebeteten allen!**
Strophenfuge.
13 **Du sprachst in der Wiege**
14 **Zur heiligen Freiheit:**
15 **„Du bist meine Schwester!**
16 $_1$**Zur ernsten kriegerischen Gefar**
$_2$[ ]
Streichung unsicher; mglw. also:
16*α* Zur ernst kriegerischen Gefar
16*β* Zur kriegerischen Gefar
17 **„Meine Gespielin du!**
18 **Von Freude glühten**
18*a* Vor Freude glühten
19 **Von zaubrischer Liebe die Schläfe dir,**
20 **Die goldgelokten Schläfe.**
Strophenfuge.
21 **Jahrtausende schwanden dahin.**
22 **Noch säumtest du unter den Göttern**
23 **Und dachtest die Schöpfungen.**
24 **Wie Silbergewölk am Olympos**
25 **So schwebten vorüber dir**
$_1$Deine Kinder das
$_2$Frei
26 $_3$**Stolz und lieblich deine Kinder**
27 **Das seelige Geschlecht.**

Ia

Vmtl. Vorfügung von T, v. 1,2; Neuformulierung von I, v. 5,6.

Hymne an den Genius Griechenlands. T
Jubel! Jubel dir in der Höhe 1
Du Erstgeborner der hohen Natur 2
$_{1}$Daher
$_{2}$Da
Da steigst du herab 3
Aus Kronos Halle 4
$_{1}$**Zu neuen,** herrlichen **Schöpfungen**
$_{2}$**geheiligten** 5
$_{1}$M**ajestätisch** u. freundlich **herab**[.]
$_{2}$**Hold u**[nd][m] $_{2}$| | 6

Konstituierter Text Ia/I

Hymne an den Genius Griechenlands.

Jubel! Jubel dir in der Höhe
Du Erstgeborner der hohen Natur
Da steigst du herab
Aus Kronos Halle
Zu neuen, geheiligten Schöpfungen
Hold und majestätisch herab.

Ha! bei der Unsterblichen
Die dich gebahr,
Dir gleichet keiner
Unter den Brüdern
Den Völkerbeherrschern
Den Angebeteten allen!

Du sprachst in der Wiege
Zur heiligen Freiheit:
,,Du bist meine Schwester!
Zur ernsten kriegerischen Gefar
,,Meine Gespielin du!
Von Freude glühten
Von zaubrischer Liebe die Schläfe dir,
Die goldgelokten Schläfe.

Jahrtausende schwanden dahin.
Noch säumtest du unter den Göttern
Und dachtest die Schöpfungen.
Wie Silbergewölk am Olympos

So schwebten vorüber dir
Stolz und lieblich deine Kinder
Das seelige Geschlecht.

II

Entwurf eines Beginns in unregelmäßigen Reimstrophen.

1 **Jubel! aus Kronions Hallen**
$_1$**Schwebt**t
$_2$**st** nun auf Hamos **Flur**
2 $_3$**auf Aganippens**

2_3 (ebenso wie 3_2) mglw. als rhythmische Alternative eingeklammert.

$_1$**Du im** **stralenden Gefieder**
$_2$in dem
3 $_3$[ ]
4 **Hold und majestätisch nieder**
5a **Schönster von den Brüdern allen**
$_1$**Erstge**st
6a $_2$**borner der Natur!**

Umstellung durch vorangestellte Ziffern:

Erstgeborner der Natur!
5 []
6 **Schönster von den Brüdern allen**[!]

Strophenfuge.

$_1$**Bei** des güldenen **Olympos** **Tronen!**
7 $_2$| | **güldnen**
8 **Bei der Göttlichen, die dich gebahr**
$_1$Nah
$_2$**Was auch** herrlich **ist und war**
9 $_3$**Hohes**
$_1$**In de**n
$_2$**r** Geister **Regionen,**
10 $_3$**Menschheit weiten**

Fortsetzung verso.

$_1$F
$_2$**W**as auch froh und — ∪ ∪
$_3$—
$_4$und thatenreich
11 $_5$**ie erstarkt und siegesreich**

Die undeutliche Niederschrift zu Beginn der Zeile ermöglicht auch andere Lesarten; z.B.:

11*α,β* Was ie erstarkt und siegesreich (StA); oder: Wann auch erstarkt und siegesreich

$_1$Zu der Völker Huldigungen
12 $_2$**Angebetet von der Völker Zungen**
13 **Deine**r **Brüder sich emporgeschwungen**
[]
14 **Keiner, keiner ist dir gleich.**

Konstituierter Text II

Jubel! aus Kronions Hallen
Schwebst auf Aganippens Flur
Du im stralenden Gefieder
Hold und majestätisch nieder

Erstgeborner der Natur
Schönster von den Brüdern allen!

Bei Olympos güldnen Tronen!
Bei der Göttlichen, die dich gebahr
Was auch Hohes ist und war
In der Menschheit weiten Regionen,
Wie erstarkt und siegesreich
Angebetet von der Völker Zungen
Deine Brüder sich emporgeschwungen
Keiner, keiner ist dir gleich.

III

Metrisches Strophenschema. Das erste in Zeichen ausgeschriebene Zeilenpaar besteht aus fünf Trochäen (– ◡); im Widerspruch dazu beginnt das folgende Schema mit der Abkürzung 5 Sp. (Spondeen – –), doch ist eine angedeutete Korrektur in Tr. nicht ganz auszuschließen. Überhaupt ist unwahrscheinlich, daß Hölderlin Verse aus reinen Spondeen vorschwebten; mglw. sollten die so bezeichneten Verse mit Spondeen beginnen oder enden. Eine metrisch mit diesem Schema übereinstimmende Strophenstruktur ist bisher nicht nachgewiesen.

— ◡ — ◡ — ◡ — ◡ — ◡
— ◡ — ◡ — ◡ — ◡ — ◡
5 Sp.
5 Tr.
4 Spond.
4 Sp
4 Tr.
4 Sp.
4 Sp.
4 Tr.

IV

Neuansatz in eigenrhythmischen Versen; Neufassung von I, v. 13 ff.

$_1$In der
$_2$**Dir sang in der Wiege den Weihgesang** 15
$_1$Die ernste Gefar
$_2$**Im blutenden Panzer die ernste Gefar** 16
$_1$**Zu**m rech
$_2$**gerechte**n
$_3$[ ] $_3$**m Siege reichte den Stahl** 17
Die heilige Freiheit dir. 18
Von Freude glühten 19
Von zaubrischer Liebe deine Schläfe 20
Die goldgelokten Schläfe. 21

Strophenfuge.

$_1$**Lang**' ha
$_2$**e säumtest du unter den Göttern** 22
Und dachtest der kommenden Wunder. 23
Vorüber schwebten, wie silbern Gewölk 24
Am liebende[n] **Auge dir** 25
Die Geschlechter alle! 26
Die seeligen Geschlechter. 27

Strophenfuge.

Gestr. Segment IV *A*:

$_1$**Nun fleugst** her
28a[1] $_2$**du herab**
29a[2] **Zu himlischen Wundern**
$_1$**Hold und majestätisch herab**.
30a[3] $_2$**! –**
31a[4] **Schon mildert den tötdenden Blik**
32a[5] **Der Heroë.**
33a[6] **Schon staunt er die Mädchen am Feste**
34a[7] **Trunkener an.**
$_1$In
35a[8] $_2$**hn spornt in Schlachten die Liebe**
36a[9] **Ihn zieht zum lokichten Naken**
37a[10] **Die zaubrische Liebe zurük.**
38a[11] **Mit dem Schwerdte gräbt der Heroë**
39a[12] **Das goldne Gelok in den Schild.**
$_1$Und
40a[13] $_2$**Sein Siegeslohn ist Lächeln der Holdin**
$_1$**Und seine Stimme Gesang.**
41a[14] $_2$**r Donner**

Konstituierter Text des gestr. Segments IV *A*

Nun fleugst du herab
Zu himlischen Wundern
Hold und majestätisch herab! –
Schon mildert den tötdenden Blik
Der Heroë.
Schon staunt er die Mädchen am Feste
Trunkener an.
Ihn spornt in Schlachten die Liebe
Ihn zieht zum lokichten Naken
Die zaubrische Liebe zurük.
Mit dem Schwerdte gräbt der Heroë
Das goldne Gelok in den Schild.
Sein Siegeslohn ist Lächeln der Holdin
Und seiner Stimme Donner Gesang.

Vmtl. im Hinblick auf die andere Ausführung des Themas auf der folgenden Seite recto gestr.

$_1$**Im Angesicht**
$_2$**e der Gotter**
28 [ö]
$_1$**Bel**
$_2$**schn**
29 $_3$**loß dein Mund**
$_1$**Auf Liebe** zu
30 $_2$**dein Reich zu gründen.**
31 **Da staunten die Himmlischen alle.**
32 **Zu brüderliche[r] Umarmung,**

Diese Zeile ist später durch ein Kreuz am Rande angemerkt.

$_1$**Neigte sein** s
$_2$Hau
$_3$lok
$_4$**königlich Haupt**.
[ ] 33
Der Donnerer nieder zu dir. 34
$_1$**Du gründest auf Liebe** zu
$_2$**dein Reich.** 35
Strophenfuge.
$_1$Am Acheron
$_2$**Es tönet am Acheron** 36a
Orpheus Zauberlaut. 37a
Es schauet Mäons Sohn 38a
Des güldenen Aphrodit[ä]
[r] 39a
Erste Neufassung:
Du gebeutst u[nd] **es tönt** 36b
Am Acheron Orpheus Zauberlaut ↓ v.40$_1$ 37b
Zweite, am Rand nachgetragene Neufassung des Strophenbeginns; zunächst nur Ersetzung von Zauberlaut:
$_1$Göt
$_2$Liebe.
$_3$Du gebeu
$_4$**Du kommst u**[nd] **Orpheus Liebe** 36
$_1$**Schwebet** empor **zum Auge der Welt**
$_2$wie O
$_3$| |
$_4$**empor** 37
Auge der Welt unterstr.
Und Orpheus Liebe 38
Wallet nieder zum Acheron 39
↑$_1$S
$_2$**Du schwingest den Z**u
$_3$**auberstab,** 40
Und Aphroditäs Gürtel ersieht,
[ ] 41
Der trunkene Mäonide. 42
Ha! Mäonide! wie du! 43
Fortsetzung mit weicher Feder und blasser Tinte, derselben vmtl., mit der auch der Beginn der Hymne umgeformt wird (vgl. IV*B*).
So liebte keiner, wie du; 44
Die Erd' und Ozean 45
Und Thaten Thaten u[nd] **Helden** ↓ v.47$_1$ 46a
Diese Zeile mit Tinte und Feder des letzten Entwurfsabschnitts gestr. und am Rand nachgetr. (ebenso 48$_2$):
Und die Riesengeister, die Helden der Erde 46
↑$_1$**Umfa**ssest
$_2$[ß]**te dein Herz!** 47
$_1$D**ie Himmel u**[nd] **alle die Him**[m]**lischen**
$_2$**Und** [d] 48
Umfaßte dein Herz. 49
Auch die Blume, die Bien' auf der Blume 50
$_1$Liebte dieses Herz.
Fortsetzung mit dunklerer Tinte und spitzer Feder.
$_2$**Umfaßte liebend dein Herz! –** 51
Vmtl. Strophenfuge.
Ach Ilion! Ilion! 52
Wie jammertest, hohe Gefallene, du 53
Im Blute der Kinder! 54

$_1$**Nun bist du getröstet**,
$_2$. **Dir** S
55 $_3$**scholl** ↓ v.57$_1$
Wiederum mit weicher Feder und blasser Tinte am Rand eingefügt:
56 **Groß und warm wie sein Herz,**
↑$_1$Der
$_2$**Des Mäoniden** unsterblich **Lied.**
57 $_3$| |
Strophenfuge.
58 **Ha! bei der Unsterblichen**
59 **Die dich gebahr,**
$_1$ Der , **du Orpheus Liebe,**
60 $_2$**Dich**[,][d] [ ]
61 **Der du schuffest Homeros Gesang**

Dieser letzte Entwurfsabschnitt ist von v.52 - 60 durch eine senkrechte Randlinie angemerkt. Eine Fortsetzung des Hymnen-Entwurfs ist nicht überliefert und nicht wahrscheinlich, denn die 4. Seite des Doppelblatts 19 bleibt leer und nimmt erst später die Niederschrift des Fragments *Abschied von Lyda* auf.

Umformung des Beginns; mit weicher Feder und blasser Tinte (vgl. IV, v.44ff.); Segment IV*B*.

1 **Jubel! Jubel**
2 **Dir auf der Wolke!**
3 **Erstgeborner**
4 **Der hohen Natur!**
5 **Aus Kronos Halle**
6 **Schwebst du herab.**

Konstituierter Text IV*B*/Ia, v.5,6/I, v.7-12/IV, v.15ff.

Hymne an den Genius Griechenlands.

Jubel! Jubel
Dir auf der Wolke!
Erstgeborner
Der hohen Natur!
Aus Kronos Halle
Schwebst du herab.
Zu neuen, geheiligten Schöpfungen
Hold und majestätisch herab.

Ha! bei der Unsterblichen
Die dich gebahr,
Dir gleichet keiner
Unter den Brüdern
Den Völkerbeherrschern
Den Angebeteten allen!

Dir sang in der Wiege den Weihgesang
Im blutenden Panzer die ernste Gefar

Zu gerechtem Siege reichte den Stahl
Die heilige Freiheit dir.
Von Freude glühten
Von zaubrischer Liebe deine Schläfe
Die goldgelokten Schläfe.

Lange säumtest du unter den Göttern
Und dachtest der kommenden Wunder.
Vorüber schwebten, wie silbern Gewölk
Am liebenden Auge dir
Die Geschlechter alle!
Die seeligen Geschlechter.

Im Angesichte der Götter
Beschloß dein Mund
Auf Liebe dein Reich zu gründen.
Da staunten die Himmlischen alle.
Zu brüderlicher Umarmung,
Neigte sein königlich Haupt
Der Donnerer nieder zu dir.
Du gründest auf Liebe dein Reich.

Du kommst und Orpheus Liebe
Schwebet empor zum Auge der Welt
Und Orpheus Liebe
Wallet nieder zum Acheron
Du schwingest den Zauberstab,
Und Aphroditäs Gürtel ersieht
Der trunkene Mäonide.
Ha! Mäonide! wie du!
So liebte keiner, wie du;
Die Erd' und Ozean
Und die Riesengeister, die Helden der Erde
Umfaßte dein Herz!
Und die Himmel und alle die Himmlischen
Umfaßte dein Herz.
Auch die Blume, die Bien' auf der Blume
Umfaßte liebend dein Herz! –

Ach Ilion! Ilion!

Wie jammertest, hohe Gefallene, du
Im Blute der Kinder!
Nun bist du getröstet. Dir scholl
Groß und warm wie sein Herz,
Des Mäoniden Lied.

Ha! bei der Unsterblichen
Die dich gebahr,
Dich, der du Orpheus Liebe,
Der du schuffest Homeros Gesang

Abschied von Lyda

Mit diesem Gedicht versuchte Hölderlin offenbar im Herbst 1791 sein Verhältnis zu Elise Lebret wieder aufzulösen. Doch schon am 28. November schreibt er an Neuffer: *Mein Herzensmädchen hält mich eben immer noch in süßen Banden...* Zu diesem Zeitpunkt hatte er das Abschiedslied sicher längst beiseite gelegt. Viel später, im Brief an den Bruder vom 12. Februar 1798, hat Hölderlin das Fortbestehen jener Verbindung bedauert: *Ich kenne mein Herz und weiß, daß es so kommen mußte, wie es kam. Ich hab' in meiner schönsten Lebenszeit so manchen lieben Tag vertrauert, weil ich Leichtsinn und Geringschäzung dulden mußte, so lange ich nicht der einzige war, der sich bewarb. Nachher fand ich Gefälligkeit und gab Gefälligkeit, aber es war nicht schwer zu merken, daß mein erster tieferer Antheil in dem unverdienten Leiden, das ich duldete, erloschen war. Mit dem dritten Jahre meines Aufenthalts in Tübingen war es aus* (Herbst 1791). *Das Übrige war oberflächlich, und ich hab' es genug gebüßt, daß ich noch die zwei lezten Jahre in Tübingen in einem solchen interesselosen Interesse lebte. Ich hab' es genug abgebüßt durch die Frivolität, die sich dadurch in meinen Karakter einschlich, und aus der ich nur durch unaussprechlich schmerzliche Erfahrungen mich wieder loswand. Das ist die reine Wahrheit, lieber Karl!* Wie schon am Beispiel der *Hymne an die Unsterblichkeit* zu studieren, gehört es zu Hölderlins poetischer Ökonomie, wichtige Motive aus aufgegebenen Texten in neue hinüberzuretten; so entsteht aus den ersten vier Versen dieses Fragments die Eingangsstrophe zur zweiten *Hymne an die Freiheit*.

Fragmentarischer Entwurf.

$_1$**Trunken, wie im hellen Morgernstrall**
[] $_2$**e** 1
Der Pilote seinen Ozean, 2
Wie die Seeligen Elysens Thale 3
Staunt' ich meine[r] **Liebe Freuden an,** 4
$_1$Siehe Thal' und Hain war
$_2$**Thal' und Haine lächten neugeboren**
[a] 5
$_1$**Wo ich wal te**
$_2$**l trank ich Göttlichkeit** 6
Ha! von ihr zum Liebling' auserkoren 7
$_1$Höhnt ich Zukunft und Verganh
$_2$genheit
$_3$**Höhnt ich stolzen Muths Geschik und Zeit.** 8
Strophenfuge.
$_1$Reiner **ward und edler das Verlangen**
$_2$Höher
$_3$**Stolzer** 9
Als meine Geist der Liebe Kraft erschwang,
[ ] 10
Myriaden wähnt' ich zu umfangen 11
$_1$Als mein
$_2$**Wenn ich Liebe, trunken Liebe sang,** 12
$_1$**Wie der Frülinghimmel, weit,**
$_2$**und helle,** 13
$_1$**Wie** P
$_2$**die Perle schön und ungetrübt,** 14
$_1$**Rein und stille wie der We**s
$_2$**isheit Quelle** 15
War das Herz von ihr, von ihr geliebt. 16

Strophenfuge. Fortsetzung in der rechten Spalte mit anderer Feder und hellerer Tinte.
$_{1}$**Sieh! im Stolze ha**b
17 $_{2}$**tt' ich oft geschworen,**
18 **Unvergänglich dieser Her**[z]**verein!**
19 **Lyda mir, zum Heile mir geboren**
20 **Lyda mein, wie meine Seele mein,**
21 **Aber neidisch tratt die Scheidestunde,**
22 **Treues Mädchen! zwischen mich und dich,**
23 **Nimmer, nimmer auf dem Erdenrunde,**
24 **Lyda! nahn die trauten Arme sich.**
Strophenfuge.
25 **Stille wallst du nun am Rebenhügel**
26 **Wo ich** [dich] **und deinen Himmel fand,**
$_{1}$D
27 $_{2}$**Wo dein Auge, deiner Würde Spiegel**
28 **Mich allmächtig, ewig an dich band!**
29 **Schnell ist unser Früling hingeflogen!**
$_{1}$**O**!
30 $_{2}$**du Einzige! vergieb, vergieb!**
$_{1}$I
$_{2}$**Deinen Frieden hat** d
31 $_{3}$**sie dir entzogen**
32 **Meine Liebe, tränenvoll und trüb.**
Strophenfuge. Fortsetzung unter der linken Spalte.
$_{1}$Als ich dort im Za
$_{2}$**Als ich dein**
33 $_{3}$**em Zauber hingegeben**
34 **Erd und Himmel über dir vergaß**
35 **Ach! so seelig in der Liebe Leben**
36 **Lyda! meine Lyda! dacht' ich das?**

Konstituierter Text

Trunken, wie im hellen Morgenstrale
Der Pilote seinen Ozean,
Wie die Seeligen Elysens Thale
Staunt' ich meiner Liebe Freuden an,
Thal' und Haine lachten neugeboren
Wo ich wallte trank ich Göttlichkeit
Ha! von ihr zum Liebling' auserkoren
Höhnt ich stolzen Muths Geschik und Zeit.

Stolzer ward und edler das Verlangen
Als mein Geist der Liebe Kraft erschwang,
Myriaden wähnt' ich zu umfangen
Wenn ich Liebe, trunken Liebe sang,
Wie der Frülinghimmel, weit und helle,
Wie die Perle schön und ungetrübt,
Rein und stille wie der Weisheit Quelle
War das Herz von ihr, von ihr geliebt.

Sieh! im Stolze hatt' ich oft geschworen,
Unvergänglich dieser Herzverein!
Lyda mir, zum Heile mir geboren
Lyda mein, wie meine Seele mein,
Aber neidisch tratt die Scheidestunde,
Treues Mädchen! zwischen mich und dich,
Nimmer, nimmer auf dem Erdenrunde,
Lyda! nahn die trauten Arme sich.

Stille wallst du nun am Rebenhügel
Wo ich dich und deinen Himmel fand,
Wo dein Auge, deiner Würde Spiegel
Mich allmächtig, ewig an dich band!
Schnell ist unser Früling hingeflogen!
O du Einzige! vergieb, vergieb!
Deinen Frieden hat sie dir entzogen
Meine Liebe, tränenvoll und trüb.

Als ich deinem Zauber hingegeben
Erd und Himmel über dir vergaß
Ach! so seelig in der Liebe Leben
Lyda! meine Lyda! dacht' ich das?

Hymne an die Menschheit

Am 28. November 1791 schreibt Hölderlin an Neuffer: *Mit dem Hymnus an die Menschheit bin* (ich) *bald zu Ende. Aber er ist eben ein Werk der hellen Intervalle, und die sind noch lange nicht klarer Himmel! Sonst hab' ich noch wenig gethan; vom großen Jean Jacque mich ein wenig über Menschenrecht belehren lassen, und in hellen Nächten mich an Orion und Sirius, und dem Götterpaar Kastor und Pollux gewaidet, das ists all!* Die Bemerkung *helle Intervalle* bezieht sich auf die Klage zuvor: *Selten giebts lucida intervalla.* Nach den beiden Fragment gebliebenen Entwürfen *Hymne an den Genius Griechenlands* und *Abschied von Lyda* und der schon im Sommer konzipierten *Hymne an die Schönheit* beginnt mit diesem Gedicht der zweite Hymnenzyklus, wobei sich die Produktivität vom vorigen Winter auffällig wiederholt. Am 12. September, unmittelbar nach Erscheinen der *Blumenlese fürs Jahr 1793*, schreibt Hölderlin die zweite Strophe der *Hymne an die Menschheit* in das Stammbuch Leo von Seckendorfs, der von Tübingen nach Jena geht. Mit ihm tragen sich zwei revolutionsbegeisterte Studenten aus der württembergischen Grafschaft Mömpelgard (Montbéliard) ein. J. G. Fallot, dem Hölderlin ewige Verbundenheit bezeugt, zeichnet mit der Devise der Harmonisten: *v*(ivat) *F*(rater) *F*(idelis) – ein Umstand, der Licht auf die möglichreale Funktion der Tübinger Hymnen wirft.

I
Vorläufige Reinschrift mit Änderungen und Unterstreichungen.
Varianten:
Motto: $_1$**hommes**.$_2$**: de vil**es$_3$**s sclaves**
7 $_1$**Ich opfre dir**!$_2$**; bei deiner Vater Ehre!**
13 $_1$**Sie zeuget mir; die** Stärke |$_2$**Schöne**| **der Kolossen** 15 $_1$**Der**$_2$**s Götterstammes**
18 $_1$**Mit der Natur der küne** J$_2$**Riese mißt**!$_3$**,** 19 $_1$d$_2$**sie fühlt**
22 $_1$**Der Muse Zauber**wort $_2$**spruch** 24 $_1$**Des**$_2$**r holde Thrazier** e$_3$**Entzüken ein.**
36 $_1$g$_2$**Geläutert und gestärkt, Elysium**m. $_3$Verdopplung vmtl. gestr.
43 $_1$**Brü**$_2$**uderrechte** 51 $_1$Die fürchterlichen |$_2$**Und ha! die geilen**| **Wüstlinge**
55 $_1$**Sch**|$_2$**o**|**n** v.57-60 als Neuformulierung am oberen Rand; zuvor:
57a **So wahr der Sonnen keine rastet,**
58a **Und Niagara nicht im Sturze weilt**
59a **Und von der Erde Giften unbetastet**
60a **Elysens Blüthe zur Vollendung eilt;**
67 $_1$**Von Schweif**$_2$**s be**trauft|$_3$**thaut**|**, entkeimten unsre Saaten** 69 $_1$**unse**n$_2$**rn**
71 $_1$**Elysiu**n$_2$**m** 76 $_1$**Gra**t$_2$**zie** 80 $_1$**Verhöhn**et $_2$e gestr. 102 $_1$**Stra**|$_2$**l**|**t**
103 $_1$**Und** st$_2$**hohe Ruh** 104 $_1$Und $_2$**Zum** stillen |$_3$**ewgen**| **Herrscher ist** sein |$_4$**der**| **Geist**
109 $_1$G$_2$**Vom Grab' ersteh**t$_3$**n**

Emendationen:
7 **V**[ä]**ter** 37 **De**[s] **Schaffens** 40 **Meiste**[r]**in.** 60 **ō** = [nicht] **weilt**[;] (vgl. 60a)
63 **Enkel** [Heer] (vgl. II, v. 39) 64 **Unsterblichkeit**[.] 69 **unsern**[.] 72 **G**[ö]**ttlichem**
103 **in s**[einem] 109 **V**[ä]**ter** [Hee]**re** (Textverlust) 111 **Staubes** [Ehre] (Textverlust)
112 **U**[nd] **z**[ur] **V**[ollendung] **g**[eht] **d**[ie Menschheit ein.] (vgl. II, v. 88)

Emendierter Text I

Hymne an die
Menschheit.

Les bornes du possible dans les choses morales sont moins étroites, que nous ne pensons: ces sont nos foiblesses, nos vices, nos préjugés, qui les rétrécissent. Les ames basses ne croient point aux grands hommes: de vils sclaves sourient d'un air moqueur à cet mot de liberté.

J. J. Rousseau.

Die ernste Stunde hat geschlagen
Mein Herz gebeut; erkohren ist die Bahn!
Die Wolke fleucht, und neue Sterne tagen
Und Hesperidenwonne lacht mich an;
Vertroknet ist der Liebe stille Zähre
Für dich geweint, mein brüderlich Geschlecht!
Ich opfre dir; bei deiner Väter Ehre!
Bei deiner Kraft! das Opfer ist gerecht.

O du der königlichen Stunden
Entschlafnes Heer! heran im Siegspanier!
Vom öden Schoos der Nächte losgewunden
Verjünge sich die Zeit, und zeuge mir!
Sie zeuget mir; die Schöne der Kolossen
Der herrlichen Heroën Lieb' und Macht,
Des Götterstammes Blüten all entsprossen
In stiller Heiligkeit des Grabes Nacht.

Wie sich im ungeheuren Kriege
Mit der Natur der küne Riese mißt,
Der Löwe fällt! sie fühlt im wilden Siege,
Des Helden Seele, daß sie göttlich ist;
Doch göttlicher entrief dem Rosenstrauche
Der Muse Zauberspruch den Rosenhain,
Den Felsen blies mit sanftem Liebeshauche
Der holde Thrazier Entzüken ein.

Orion lacht in Liebe nieder
Es wallt der Erde Sohn am Ocean
Wie tönt in ihm der Schöpfung Hymne wieder
Wie staunt er sich im neuen Taumel an
Der Ahndung heiligstes, der Kräfte Fülle
Die leisgefühlte Seele der Natur
Er kleidet sie in brüderliche Hülle
Denn Göttern gleicht der Götter Sprosse nur.

Schon wölbt zu reinerem Genusse
Dem Auge sich der Schönheit Heiligtum;
Wir kosten oft, von ihrem Mutterkusse
Geläutert und gestärkt, Elysium.
Des Schaffens süße Lust, wie sie zu fülen
Belauscht sie kün der zartgewebte Sinn
Und magisch tönt von unsern Saitenspielen
Die Melodie der ernsten Meisterin.

Schon lernen wir das Band der Sterne
Der Liebe Stimme männlicher verstehn
Wir reichen uns die Bruderrechte gerne
Mit Heereskraft der Geister Bahn zu gehn
Schon höhnen wir des Stolzes Ungebärde
Die Scheidewand von Flittern aufgebaut
Und an des Pflügers unentweihtem Heerde
Wird sich die Menschheit wieder angetraut.

Schon fülen an der Freiheit Fahnen
Sich Jünglinge, wie Götter, gut und groß,
Und ha! die geilen Wüstlinge zu mahnen
Bricht jede Kraft von Bann und Kette los
Schon schwingt er kün und zürnend das Gefieder
Der Warheit unbesiegter Genius
Schon trägt der Aar des Rächers Blize nieder,
Und donnert laut, und kündet Siegsgenuß.

So war von Giften unbetastet
Elysens Blüthe zur Vollendung eilt
Der Heldinnen, der Sonnen keine rastet
Und Niagara nicht im Sturze weilt;

Was unsre Lieb' und Siegeskraft begonnen
Gedeiht zu üppiger Vollkommenheit
Der Enkel Heer geneußt der Erndtewonnen
Uns lohnt die Palme der Unsterblichkeit.

Hinunter dann mit deinen Thaten
Mit deinen Hofnungen, o Gegenwart!
Von Schweis bethaut, entkeimten unsre Saaten
Hinunter dann, wo Ruh der Kämpfer harrt,
Schon geht verherrlichet aus unsern Grüften
Die Glorie der Endlichkeit hervor
Auf Gräbern hier Elysium zu stiften
Ringt neue Kraft zu Göttlichem empor.

In Melodie den Geist zu wiegen
Ertönet nun der Saite Zauber nur
Der Tugend winkt zu gleichen Meisterzügen
Die Grazie der göttlichen Natur
In Fülle schweben lesbische Gebilde
Begeisterung! vom Seegenshorne dir
Und in der Schönheit weitem Lustgefilde
Verhöhnt das Leben knechtische Begier.

Gestärkt von hoher Lieb' ermüden
Im Fluge nun die jungen Aare nie
Zum Himmel führt die neuen Tyndariden
Der Freundschaft allgewaltige Magie
Veredelt schmiegt an thatenvoller Greise
Begeisterung des Jünglings Flamme sich
Sein Herz bewahrt der lieben Väter Weise
Wird kün wie sie, und froh und brüderlich.

Er hat sein Element gefunden
Das Götterglük, sich eigner Macht zu freun
Den Räubern ist das Vaterland entwunden
Ist ewig nun, wie seine Seele, sein
Kein eitel Ziel entstellt die Göttertriebe,
Ihm winkt umsonst der Wollust Zauberhand
Sein höchster Stolz, und seine wärmste Liebe
Sein Tod, sein Himmel ist das Vaterland.

Zum Bruder hat er dich erkoren,
Geheiliget von deiner Lippe Kuß
Unwandelbare Liebe dir geschworen
Der Warheit unbesiegter Genius
Emporgereift in deinem Himmelslichte
Stralt furchtbarherrliche Gerechtigkeit
Und hohe Ruh in seinem Angesichte
Zum ewgen Herrscher ist der Geist geweiht.

So tönet, Siegsbegeisterungen
Die keine Lipp in keiner Wonne sang
Der königliche Stamm, er hat erschwungen
Was in Aeonen keine Kraft erschwang
Vom Grab' erstehn der alten Väter Heere
Der göttergleichen Enkel sich zu freun
Die Himmel kündigen des Staubes Ehre
Und zur Vollendung geht die Menschheit ein.

II

Druck in Stäudlins *Poetische Blumenlese fürs Jahr 1793* (D 2).
In der Druckfassung der Hymne an die Menschheit fehlen drei Strophen (I, v. 9-32); auch das Motto ist – wie die vmtl. vom Herausgeber gesetzten Auslassungsstriche andeuten – gegenüber der ursprünglichen Fassung gekürzt. Die Interpunktion ist vollständiger; der Wortlaut jedoch weicht nur an wenigen Stellen vom Text des Entwurfs I ab (v. 8, 51, 60, 103, 104).
Emendationen bei:
13 *süsse fühlen,* 14 *kühn* 23 *Heerde.* 25 *fühlen an den* 26 *gros,* 29 *kühn* 34 *Blüte* 48 *göttlichem* (vgl. 327/2 R: 10; I, v. 72) 64 *kühn* 78 *furchtbar herrliche* (vgl. 327/2 R: 56; I, v. 102)

Emendierter Text II

Hymne
an die Menschheit

„Les bornes du possible dans les choses morales sont moins étroites, que nous ne pensons. – –
Les ames basses ne croient point aux grands hommes: de vils esclaves sourient d'un air moqueur à ce mot de liberté.“

J. J. Rousseau.

Die ernste Stunde hat geschlagen;
Mein Herz gebeut; erkoren ist die Bahn!
Die Wolke fleucht, und neue Sterne tagen,
Und Hesperidenwonne lacht mich an!
Vertroknet ist der Liebe stille Zähre,
Für dich geweint, mein brüderlich Geschlecht!
Ich opfre dir; bei deiner Väter Ehre!
Beim nahen Heil! das Opfer ist gerecht.

Schon wölbt zu reinerem Genusse
Dem Auge sich der Schönheit Heiligtum;
Wir kosten oft, von ihrem Mutterkusse
Geläutert und gestärkt, Elysium;
Des Schaffens süße Lust, wie sie, zu fülen,
Belauscht sie kün der zartgewebte Sinn,
Und magisch tönt von unsern Saitenspielen
Die Melodie der ernsten Meisterin.

Schon lernen wir das Band der Sterne,
Der Liebe Stimme männlicher versteh'n,

Wir reichen uns die Bruderrechte gerne,
Mit Heereskraft der Geister Bahn zu geh'n;
Schon höhnen wir des Stolzes Ungebärde,
Die Scheidewand, von Flittern aufgebaut,
Und an des Pflügers unentweihtem Heerde
Wird sich die Menschheit wieder angetraut.

Schon fülen an der Freiheit Fahnen
Sich Jünglinge, wie Götter, gut und groß,
Und, ha! die stolzen Wüstlinge zu mahnen,
Bricht jede Kraft von Bann und Kette los;
Schon schwingt er kün und zürnend das Gefieder,
Der Warheit unbesiegter Genius,
Schon trägt der Aar des Rächers Blize nieder,
Und donnert laut, und kündet Siegsgenuß.

So wahr, von Giften unbetastet,
Elysens Blüthe zur Vollendung eilt,
Der Heldinnen, der Sonnen keine rastet,
Und Orellana nicht im Sturze weilt!
Was unsre Lieb' und Siegeskraft begonnen,
Gedeih't zu üppiger Vollkommenheit;
Der Enkel Heer geneußt der Erndte Wonnen;
Uns lohnt die Palme der Unsterblichkeit.

Hinunter dann mit deinen Thaten,
Mit deinen Hofnungen, o Gegenwart!
Von Schweis bethaut, entkeimten unsre Saaten!
Hinunter dann, wo Ruh' der Kämpfer harrt!
Schon geh't verherrlichter aus unsern Grüften

Die Glorie der Endlichkeit hervor;
Auf Gräbern hier Elysium zu stiften,
Ringt neue Kraft zu Göttlichem empor.

In Melodie den Geist zu wiegen,
Ertönet nun der Saite Zauber nur;
Der Tugend winkt zu gleichen Meisterzügen
Die Grazie der göttlichen Natur;
In Fülle schweben lesbische Gebilde,
Begeisterung, vom Seegenshorne dir!
Und in der Schönheit weitem Lustgefilde
Verhöhnt das Leben knechtische Begier.

Gestärkt von hoher Lieb' ermüden
Im Fluge nun die jungen Aare nie,
Zum Himmel führt die neuen Tyndariden
Der Freundschaft allgewaltige Magie;
Veredelt schmiegt an thatenvoller Greise
Begeisterung des Jünglings Flamme sich;
Sein Herz bewahrt der lieben Väter Weise,
Wird kün, wie sie, und froh und brüderlich.

Er hat sein Element gefunden,
Das Götterglük, sich eig'ner Kraft zu freu'n;
Den Räubern ist das Vaterland entwunden,
Ist ewig nun, wie seine Seele, sein!
Kein eitel Ziel entstellt die Göttertriebe,
Ihm winkt umsonst der Wollust Zauberhand;
Sein höchster Stolz und seine wärmste Liebe,
Sein Tod, sein Himmel ist das Vaterland.

Zum Bruder hat er dich erkoren,
Geheiliget von deiner Lippe Kuß
Unwandelbare Liebe dir geschworen,
Der Warheit unbesiegter Genius!
Emporgereift in deinem Himmelslichte,
Stralt furchtbarherrliche Gerechtigkeit,
Und hohe Ruh' vom Heldenangesichte –
Zum Herrscher ist der Gott in uns geweih't.

So jubelt, Siegsbegeisterungen!
Die keine Lipp' in keiner Wonne sang;
Wir ahndeten – und endlich ist gelungen,
Was in Aeonen keiner Kraft gelang –
Vom Grab' ersteh'n der alten Väter Heere,
Der königlichen Enkel sich zu freu'n;
Die Himmel kündigen des Staubes Ehre,
Und zur Vollendung geht die Menschheit ein.

IIa

v.9-16 (I, v.32-40); abweichender Eintrag Hölderlins in das Stammbuch Leo von Seckendorfs (vgl. Bd. 17). Die Strophe ist zur selbständigen Einheit abgerundet; gemäß der Unterstreichung von Schönheit dürfte die zu denkende Überschrift *Die Schönheit* lauten.

Unemendierter Text IIa

Es wölbt zu reinerem Genusse
Dem Dichter sich der *Schönheit* Heiligtum,
Er kostet oft, von ihrem Mutterkusse
Geläutert und gestärkt, Elysium;
Des Schaffens süße Lust, wie sie, zu fülen,
Belauscht sie kün der zartgewebte Sinn,
Und magisch tönt von unsern Saitenspielen
Die Melodie der ernsten Meisterin.

Zweite
Hymne an die Freiheit

Wie auch bei den übrigen ohne Manuskript überlieferten Gedichten der *Poetischen Blumenlese fürs Jahr 1793* läßt sich eine genauere Entstehungszeit nicht feststellen. Sicher ist nur, daß die Hymne später als das Fragment *Abschied von Lyda*, dessen Eingangsstrophe Hölderlin umgeformt übernimmt, also im Spätherbst 1791 oder im Winter 1791/92 entworfen wurde. In einem undatierten Brief an Neuffer, vermutlich aus der zweiten Aprilhälfte 1792, teilt Hölderlin noch eine Korrektur mit: *In meinem Hymnus an die Freiheit sezt' ich aus Nachlässigkeit in eine Strophe, ein Wort, das nicht hingehört*... (vgl. Ia).

Ia

Korrektur der verlorenen Druckvorlage im Brief an Neuffer, vmtl. Ende April 1792 (210/3):
In meinem Hymnus an die Freiheit sezt' ich aus Nachlässigkeit in eine Strophe, ein Wort, das nicht hingehört[,] es heißt „um der Güter, so die Seele füllen

Um der angestammten Göttermacht,
Brüder ach! um unsrer Liebe willen
Brüder! Könige der Endlichkeit! erwacht!

Das „Brüder![“] in der lezten Zeile macht 2 Sylben zu viel. Sage doch dem lieben Doktor, daß er es wegstreicht. Warscheinlich ist der Druk des Gedichts noch nicht im reinen. Es liegt mir viel daran, eine solche gemeine poëtische Sünde nicht vor die Augen des Publikums kommen zu lassen (vgl. Bd. 18).

I

Druck in Stäudlins *Poetische Blumenlese fürs Jahr 1793* (D 2).
Emendationen bei:
1 *saug* (vgl. Ib) 7 *Seligen* 10 *Staubs* (vgl. Ib) 15 *kühnen* 16 *Heiligthum.* 25 *Wogen,* 27 *Tugend kühner* (vgl. Ib) 32 *Unermeßlichkeit.“* 33 *„Mein* 34 *kühnen* 36 *süsse* 39 *süssem* 40 *grossen an.“* 41 *„Kann* 46 *Unzerbrechlich* (vgl. Ib und I, v. 58) 47 *seligen* 48 *frei.“* 49 *„Mit* 53 *Götterloses,* 54 *süsser* 56 *zu.“* 57 *„Unentweiht* 59 *seligen* 64 *nach.“* 65 *„Ach!* 70 *süsse* 79 *willen,* (vgl. Ia und Ib) 80 *Endlichkeit,* (vgl. Ia) 83 *Süsse* 93 *bleichen* 103 *Jugend* (vgl. Ib) 104 *Heiligthum.* 105 *regnet* 107 *segnet* 109 *heissen Regenhügel,* 116 *süsse*

Ib

Abschrift der Prinzessin Auguste von Homburg (a 88).
Abweichungen von D 2:
1 *säng'* 3 *sah',* 8 *die geliebtes* 10 *Raub(e)s* 27 *Jugend* 41-48 Strophe vergessen und hinter v. 49-56 nachgetragen; Einweisungszeichen nach v. 40, vor v. 41 und nach v. 48. 46 *Unzerbrüchlich* 57 *selbsterwähten* 64 *träge* 79 *willen* 85 Dieser Vers fehlt. 89 *erkoren,* 91 *Zerstöhrung* 103 *Tugend* 109 *Rebenhügel,*

Hymne
an die Freiheit.

Wonne säng' ich an des Orkus Thoren,
Und die Schatten lehrt' ich Trunkenheit,
Denn ich sah, vor tausenden erkohren,
Meiner Göttin ganze Göttlichkeit;
Wie nach dumpfer Nacht im Purpurscheine
Der Pilote seinen Ozean,
Wie die Seeligen Elysens Haine,
Staun' ich dich geliebtes Wunder! an.

Ehrerbietig senkten ihre Flügel,
Ihres Raubs vergessen, Falk und Aar,
Und getreu dem diamantnen Zügel
Schritt vor ihr ein trozig Löwenpaar;
Jugendliche wilde Ströme standen,
Wie mein Herz, vor banger Wonne stumm;
Selbst die künen Boreasse schwanden,
Und die Erde ward zum Heiligtum.

Ha! zum Lohne treuer Huldigungen
Bot die Königin die Rechte mir,
Und von zauberischer Kraft durchdrungen
Jauchzte Sinn und Herz verschönert ihr;
Was sie sprach, die Richterin der Kronen,
Ewig tönts in dieser Seele nach,

Ewig in der Schöpfung Regionen –
Hört, o Geister, was die Mutter sprach!

„Taumelnd in des alten Chaos Woogen,
Froh und wild, wie Evans Priesterin,
Von der Jugend küner Lust betrogen,
Nannt' ich mich der Freiheit Königin;
Doch es winkte der Vernichtungsstunde
Zügelloser Elemente Streit;
Da berief zu brüderlichem Bunde
Mein Gesez die Unermeßlichkeit.

Mein Gesez, es tödtet zartes Leben,
Künen Muth, und bunte Freude nicht,
Jedem ward der Liebe Recht gegeben,
Jedes übt der Liebe süße Pflicht;
Froh und stolz im ungestörten Gange
Wandelt Riesenkraft die weite Bahn,
Sicher schmiegt in süßem Liebesdrange
Schwächeres der großen Welt sich an.

Kann ein Riese meinen Aar entmannen?
Hält ein Gott die stolzen Donner auf?
Kann Tyrannenspruch die Meere bannen?
Hemmt Tyrannenspruch der Sterne Lauf? –
Unentweiht von selbsterwählten Gözen,
Unzerbrüchlich ihrem Bunde treu,
Treu der Liebe seeligen Gesezen,
Lebt die Welt ihr heilig Leben frei.

Mit gerechter Herrlichkeit zufrieden
Flammt Orions helle Rüstung nie
Auf die brüderlichen Tyndariden,
Selbst der Löwe grüßt in Liebe sie;
Froh des Götterlooses, zu erfreuen,
Lächelt Helios in süßer Ruh
Junges Leben, üppiges Gedeihen
Dem geliebten Erdenrunde zu.

Unentweiht von selbsterwählten Gözen,
Unzerbrüchlich ihrem Bunde treu,
Treu der Liebe seeligen Gesezen,
Lebt die Welt ihr heilig Leben frei;
Einer, Einer nur ist abgefallen,
Ist gezeichnet mit der Hölle Schmach;
Stark genug, die schönste Bahn zu wallen,
Kriecht der Mensch am trägen Joche nach.

Ach! er war das göttlichste der Wesen,
Zürn' ihm nicht, getreuere Natur!
Wunderbar und herrlich zu genesen
Trägt er noch der Heldenstärke Spur; –
Eil', o eile, neue Schöpfungsstunde,
Lächle nieder, süße güldne Zeit!
Und im schöner'n, unverlezten Bunde,
Feire dich die Unermeßlichkeit."

Nun, o Brüder! wird die Stunde säumen?
Brüder! um der tausend Jammernden,
Um der Enkel, die der Schande keimen,

Um der königlichen Hofnungen,
Um der Güter, so die Seele füllen,
Um der angestammten Göttermacht,
Brüder ach! um unsrer Liebe willen
Könige der Endlichkeit! erwacht! –

Gott der Zeiten! in der Schwüle fächeln
Kühlend deine Tröstungen uns an;
Süße rosige Gesichte lächeln
Uns so gern auf öder Dornenbahn;
Wenn der Schatten väterlicher Ehre,
Wenn der Freiheit lezter Rest zerfällt,
Weint mein Herz der Trennung bittre Zähre
Und entflieht in seine schön're Welt.

Was zum Raube sich die Zeit erkohren,
Morgen steht's in neuer Blüthe da;
Aus Zerstörung wird der Lenz gebohren,
Aus den Fluthen stieg Urania;
Wenn ihr Haupt die blaichen Sterne neigen,
Stralt Hyperion im Heldenlauf –
Modert, Knechte! freie Tage steigen
Lächelnd über euern Gräbern auf.

Lange war zu Minos ernsten Hallen
Weinend die Gerechtigkeit entfloh'n –
Sieh! in mütterlichem Wohlgefallen
Küßt sie nun den treuen Erdensohn;
Ha! der göttlichen Catone Manen
Triumphiren in Elysium,

Zahllos weh'n der Tugend stolze Fahnen,
Heere lohnt des Ruhmes Heiligtum.

Aus der guten Götter Schoose reegnet
Trägem Stolze nimmermehr Gewinn,
Ceres heilige Gefilde seegnet
Freundlicher die braune Schnitterin,
Lauter tönt am heißen Rebenhügel,
Muthiger des Winzers Jubelruf,
Unentheiligt von der Sorge Flügel
Blüht und lächelt, was die Freude schuf.

Aus den Himmeln steigt die Liebe nieder,
Männermuth, und hoher Sinn gedeiht,
Und du bringst die Göttertage wieder,
Kind der Einfalt! süße Trauligkeit!
Treue gilt! und Freundesretter fallen,
Majestätisch, wie die Ceder fällt,
Und des Vaterlandes Rächer wallen
Im Triumphe nach der bessern Welt.

Lange schon vom engen Haus umschlossen,
Schlummre dann im Frieden mein Gebein! –
Hab' ich doch der Hofnung Kelch genossen,
Mich gelabt am holden Dämmerschein!
Ha! und dort in wolkenloser Ferne,
Winkt auch mir der Freiheit heilig Ziel!
Dort, mit euch, ihr königlichen Sterne,
Klinge festlicher mein Saitenspiel!

Hymne an die Freundschaft

Anders als die vermutlich zuvor aus dem *Lied der Liebe* abgeleitete *Hymne an die Liebe*, greift die *Hymne an die Freundschaft* nicht auf das während der *Aldermannstage* entstandene *Lied der Freundschaft* zurück. Rudolf Magenau antwortet am 6. März 1792 auf einen verlorenen Brief Hölderlins: *Daß Du uns eine Hymne widmen willst, ist bider gedacht, was kan ich aus meinem Kohlgarten dafür geben?* Bei Hölderlins Ankündigung dürfte die Hymne schon fertig gewesen sein; sie wäre demnach in den Februar 1792 zu setzen.

Druck in Stäudlins *Poetischer Blumenlese fürs Jahr 1793* (D 2).
Emendationen bei:
3 *kühnen* 9 *süssen* 16 *feyerliche* 23 *Olimpos* 49 *Schale.* 50 *süsser* 52 *Tage-Last;* 61 *Mutter-Herz* 63 *süssen* 71 *Ueber* 76 *Süsse kühne* 81 *Aeste* 99 *Süsser*

Emendierter Text

Hymne
an die Freundschaft.
An Neuffer und Magenau.

Rings in schwesterlicher Stille
Lauscht die blühende Natur;
Aus des künen Herzens Fülle
Tönt des Bundes Stimme nur;
Leise rauscht's im Eichenhaine
Nie gefühlte Lüfte weh'n,
Wo in höhrem Sternenscheine
Wir das ernste Fest begeh'n.

Ha! in süßem Wohlgefallen
Säuselt hier der Väter Schaar,
Abgeschiedne Freunde wallen
Lächelnd um den Moosaltar;
Und der hellen Tyndariden
Brüderliches Auge lacht

Froh' wie wir in deinem Frieden,
Schöne feierliche Nacht!

Heiliger und reiner tönte
Dieser Herzen Jubel nie,
Unter Schwur und Kuß verschönte,
Freundschaft! deine Milde sie;
Zürne nicht der Wonne Zähren!
Laß, o laß uns huldigen,
Schönste von Olympos Heeren,
Krone der Unsterblichen!

Als der Geister Wunsch gelungen,
Und gereift die Stunde war,
Da von Ares Arm' umschlungen,
Cytherea dich gebar;
Als die Heldin ohne Tadel
Nun der Erde Sohn so nah',
Staunend in des Vaters Adel,
In der Mutter Gürtel sah';

Da begann zu Sonnenhöhen
Nie versuchten Adlerflug,
Was von Göttern ausersehen
Kraft und Lieb' im Busen trug;
Stolzer hub des Sieges Flügel,
Rosiger der Friede sich;
Jauchzend um die Blumenhügel
Grüßte Gram und Sorge dich.

Blutend trug die Siegesfahne,
In der Stürme Donner schwamm
Durch die wilden Ozeane,
Wer aus deinem Schoose kam;
Deiner Riesen Wehre klangen
Bis hinab zur alten Nacht –
Ha! des Orkus Thore sprangen,
Zitternd deiner Zaubermacht!

Trunken, wie von Hebe's Schaale,
Kos'ten sie in süßer Rast
Am ersehnten Opfermahle
Nach der schwülen Tage Last;
Göttern glich der Freunde Rächer,
Wenn die stolze Zähre sank
In den vollen Labebecher,
Den er seinem Siege trank.

Liebend stieg die Muse nieder,
Als sie in Arkadia
Dich im göttlichen Gefieder
Schwebend um die Schäfer sah';
Mutter! Herz und Lippe brannten,
Feierten im Liede dich,
Und am süßen Laute kannten
Jubelnd deine Söhne sich. –

Ha! in deinem Schoose schwindet
Jede Sorg' und fremde Lust;
Nur in deinem Himmel findet

Sättigung die wilde Brust;
Frommen Kindersinnes wiegen
Sich im Schoose der Natur –
Über Stolz und Lüge siegen
Deine Auserwählten nur. –

Dank, o milde Seegensrechte!
Für die Wonn' und Heiligkeit,
Für der hohen Bundesnächte
Süße küne Trunkenheit;
Für des Trostes Melodien,
Für der Hofnung Labetrank,
Für die tausend Liebesmühen
Weinenden entflammten Dank!

Siehe, Frücht' und Äste fallen,
Felsen stürzt der Zeitenfluß;
Freundlich winkt zu Minos Hallen
Bald der stille Genius;
Doch es lebe, was hienieden
Schönes, göttliches verblüht,
Hier, o Brüder! Tyndariden!
Wo die reine Flamme glüh't. –

Ha! die frohen Geister ringen
Zur Unendlichkeit hinan,
Tiefer ahndungsvoller dringen
Wir in diesen Ozean!
Hin zu deiner Wonne schweben
Wir aus Sturm und Dämmerung,

Du, der Myriaden Leben
Heilig Ziel! Vereinigung!

Wo in seiner Siegesfeier
Götterlust der Geist genießt,
Süßer, heiliger und freier
Seel' in Seele sich ergießt,
Wo in's Meer die Ströme rinnen,
Singen bei der Pole Klang
Wir der Geisterköniginnen
Schönster einst Triumphgesang.

Hymne an den Genius der Jugend

Mit den Hymnen an die *Liebe* und die *Freundschaft* bildet dieser Gesang, dessen Überschrift der aufgegebenen *Griechenland*-Hymne entlehnt ist, eine triadische Gruppe. In allen drei Gedichten verwendet Hölderlin die Strophe von Schillers Lied *An die Freude*. Hinweise zur Entstehung fehlen; da jedoch nur diese Hymne später umgeformt wird (vgl. *Der Gott der Jugend*), ist eine Entstehung im März 1792, am Schluß des zweiten Zyklus, anzunehmen.

Druck in Stäudlins *Poetischer Blumenlese fürs Jahr 1793* (D 2).
Emendationen bei:
8 *kühnen* 23 *Ueber* 45 *Frühlinge verblühten,* 52 *Freunde* 53 *kühlen,* 55 *süsse* 75 *Aar* 76 *rauscht',* (vmt. hat der Setzer ein von Hölderlin hinter Aar gesetztes Komma als Apostroph zum darunterstehenden rauscht gelesen) 89 *Genuße,* 91 *Kuße* 96 *Kühnheit* 97 *haßen,* 108 *sich.* – 111 *veralten.*

Emendierter Text

Hymne

an den Genius der Jugend.

Heil! das schlummernde Gefieder
Ist zu neuem Flug' erwacht,
Triumphirend fühl' ich wieder
Lieb' und stolze Geistesmacht;
Siehe! deiner Himmelsflamme,
Deiner Freud' und Stärke voll,
Herrscher in der Götter Stamme!
Sei der künen Liebe Zoll.

Ha! der brüderlichen Milde,
So von deiner Stirne spricht!
Solch' harmonisches Gebilde
Waidete kein Auge nicht;
Wie um ihn die Aare schweben,
Wie die Lok' im Fluge weht! –

Wo im ungemeßnen Leben
Lebt so süße Majestät?

Lächelnd sah' der Holde nieder
Auf die winterliche Flur,
Und sie lebt und liebet wieder
Die entschlummerte Natur;
Um die Hügel und die Thale,
Jauchz' ich nun im Vollgenuß,
Über deinem Freudenmahle,
Königlicher Genius!

Ha! wie diese Götteraue
Wieder lächelt und gedeiht!
Alles, was ich fühl' und schaue,
Eine Lieb' und Seeligkeit!
Felsen hat der Falk' erschwungen,
Sich, wie dieses Herz, zu freu'n,
Und, von gleicher Kraft durchdrungen,
Strebt und rauscht der Eichenhain.

Unter liebendem Gekose
Schmieget Well' an Welle sich;
Liebend fühlt die süße Rose,
Fühlt die heil'ge Myrthe dich;
Tausend frohe Leben winden
Schüchtern sich um Tellus Brust,
Und dem blauen Aether künden
Tausend Jubel deine Lust.

Doch des Herzens schöne Flamme,
Die mir deine Huld verlieh,
Herrscher in der Götter Stamme!
Süßer, stolzer fühl' ich sie;
Deine Frülinge verblühten,
Manch' Geliebtes welkte dir; –
Wie vor Jahren sie erglühten,
Glühen Herz und Stirne mir.

O! du lohnst die stille Bitte
Noch mit innigem Genuß,
Leitest noch des Pilgers Tritte
Zu der Freude Götterkuß;
Mit der Balsamtropfe kühlen
Hofnungen die Wunde doch,
Süße Täuschungen umspielen
Doch die dürren Pfade noch.

Jedem Adel hingegeben,
Jeder lesbischen Gestalt,
Huldiget das trunkne Leben
Noch der Schönheit Allgewalt;
Thörig hab' ich oft gerungen,
Dennoch herrscht zu höchster Lust,
Herrscht zu süßen Peinigungen
Liebe noch, in dieser Brust.

An der alten Thaten Heere
Waidet noch das Auge sich.
Ha! der großen Väter Ehre

Spornet noch zum Ziele mich;
Rastlos, bis in Plutons Hallen
Meiner Sorgen schönste ruht,
Die erkohrne Bahn zu wallen,
Fühl' ich Stärke noch und Muth.

Wo die Nektarkelche glühen,
Seiner Siege Zeus genießt,
Und sein Aar, von Melodien
Süß berauscht, das Auge schließt,
Wo, mit heil'gem Laub' umwunden,
Der Heroen Schaar sich freut,
Fühlt noch oft, von dir entbunden,
Meine Seele Göttlichkeit.

Preis, o Schönster der Dämonen!
Preis dir, Herrscher der Natur!
Auch der Götter Regionen
Blüh'n durch deine Milde nur;
Trübte sich in heil'gem Zorne
Je dein stralend Angesicht –
Ha! sie tränken aus dem Borne
Ew'ger Lust und Schöne nicht!

Eos, glühend vom Genusse,
Durch die Liebe schön und groß,
Wände sich von Titons Kusse
Alternd und verkümmert los;
Der in königlicher Eile
Lächelnd durch den Aether wallt,

Phoebus trauert' um die Pfeile,
Um die Künheit und Gestalt.

Träg zu lieben, und zu hassen,
Ganz, von ihrer Siegeslust,
Ihrer wilden Kraft verlassen
Schlummert' Ares stolze Brust;
Ha! den Todesbecher tränke
Selbst des Donnergottes Macht! –
Erd' und Firmament versänke
Wimmernd in des Chaos Nacht.

Doch in namenlosen Wonnen
Feiern ewig Welten dich,
In der Jugend Stralen sonnen
Ewig alle Geister sich –
Mag des Herzens Gluth erkalten,
Mag im langen Kampfe mir,
Jede süße Kraft veralten,
Neuverschönt erwacht sie dir!

Albumblatt für Rosine Stäudlin

Die Strophe, wie die vorhergehenden Hymnen im Versmaß des Schillerschen Lieds *An die Freude*, hat Hölderlin wahrscheinlich schon Anfang April 1792 Rosine Stäudlin, einer Schwester Gotthold Friedrich Stäudlins und Braut Neuffers, ins Stammbuch geschrieben. Die im Erstdruck stehende Überschrift *An eine Rose* wurde sicher von Neuffer hinzugefügt, als dieser die Verse, wahrscheinlich ohne Hölderlins Wissen, mit eigenen Gedichten für Marianne Ehrmanns Almanach *Die Einsiedlerinn aus den Alpen* druckfertig machte. Am 20. August 1793 schreibt er an Hölderlin (der mit dem *Hyperion* beschäftigt ist): *Wie es mit Städlins Journal gehen wird, weiß ich noch nicht. Er macht gar keine Anstalten dazu, und ich denke, es wäre endlich doch einmal Zeit. Ich hab' ihn schon offt ermahnt. Ermahne Du ihn auch. Wenn nichts daraus wird, so sehe ich mich genöthigt, meine Arbeiten ins Ausland zu schiken.* Diesen Vorsatz wird er wenig später ausgeführt haben. Im Inhaltsverzeichnis des *Taschenbuchs von der Donau 1824*, in welches Neuffer noch dreißig Jahre später eine Gruppe von Freundschaftsgedichten Hölderlins einrückt, lautet der Titel: *An die Rose* – ein weiteres Indiz dafür, daß diese tragisch eintreffenden Zeilen der im Frühjahr 1795 gestorbenen Rosine zugeeignet waren.

I
Erster vmtl. von Neuffer veranlaßter Druck in Marianne Ehrmanns *Einsiedlerinn aus den Alpen* (D3).
Emendationen bei:
T *An eine Rose.* (vmtl. von Neuffer hinzugefügt) 1 *Mutterschosse,* 2 *Süsse Königinn* 3 *grosse,* 5 *Schmuck* 7 *ewge entfalltet*

Ia
Zweiter von Neuffer veranlaßter Druck in Carl Langs *Taschenbuch 1797* (D8).
Abweichungen von D3:
1 *Mutterschoose,* 2 *Süße Königin der Flur,* 3 *große,* 4 *Natur.* 5 *Rösgen,* 6 *Sturm entblättert mich;* 7 *ew'ge entfaltet* 8 *sich!*
Die Verse 2, 4, 6, und 8 sind eingerückt.

Ib
Redigierter Druck in Neuffers *Taschenbuch von der Donau 1824* (D31).
Differenzierter Text:

An eine Rose.

Ewig trägt im Mutterschooße[]
Süße Königin der Flur[,]
Dich und mich die stille, große,
Allbelebende Natur[*!*]
Röschen[,] unser Schmuck veraltet,
Stürm' entblättern dich und mich,
Doch der ew'ge Keim entfaltet
Stets zu neuer Blüthe sich.

Emendierter Text

Ewig trägt im Mutterschoose,
Süße Königin der Flur!
Dich und mich die stille, große,
Allbelebende Natur;
Röschen! unser Schmuk veraltet,
Stürm' entblättern dich und mich,
Doch der ew'ge Keim entfaltet
Bald zu neuer Blüthe sich.

Dem Genius der Kühnheit

Hölderlin erwähnt den Plan zu dieser Hymne erstmals Neuffer gegenüber im September 1792: *Du wirst lachen, daß mir in diesem meinem Pflanzenleben neulich der Gedanke kam, einen Hymnus an die Künheit zu machen. In der That, ein psychologisch Rätsel!* Ein Dreivierteljahr später liest er das Gedicht Matthisson vor, der ihn, von Stäudlin und Neuffer begleitet, am 27. Juni 1793 in Tübingen aufsucht. Magenau berichtet davon in seiner *Skizze meines Lebens*: *Mathison, wol der liebenswürdigste von unsern Dichtern knüpfte zwischen sich und H. ein enges Band. H. hatte ihm zu Tübingen im Beisein Neuffers u. Stäudlins eine Hymne an die Kühnheit vorgelesen (...), Mathison entglühte von sympatetischem Feuer, warf sich in H. Arme, u. der Bund der Frdschaft ward geschlossen.* Knapp vier Wochen später distanziert sich Hölderlin, in einem Brief an Neuffer, von dem gelesenen Text: *Ich schikte meinen Hymnus unsrem Stäudlin. Das zaubrische Licht, in dem ich ihn ansah, da ich mit ihm zu Ende war, u. noch mer, da ich ihn euch mitgeteilt hatte an dem unvergeßlichen Nachmittage, ist nun so ganz verschwunden, daß ich mich nur mit der Hofnung eines baldigen bessern Gesangs über seine Mängel trösten kann.* Die Handschriften dieser Fassung sind nicht überliefert. Stäudlin wollte das Gedicht in Ewalds *Urania* drucken lassen, doch verzögerte der Herausgeber die Publikation, sodaß Hölderlin den Text Schiller anbot. Daß die Hymne gegenüber der verlorenen Fassung (ähnlich wie *Griechenland*) umgearbeitet wurde, bezeugt ein am 26. Januar 1795 an Hegel gerichteter Brief: *Den Genius der Künheit, dessen Du Dich vieleicht noch erinnerst, hab' ich, umgearbeitet, mit einigen andern Gedichten in die Thalia gegeben.*

Druck in Schillers *Neue Thalia, Vierter und letzter Band, sechstes Stück* (D 5).
Emendationen bei:
13 *Meisterinn,* 18 *Heröenkraft maß.* 39 *entzückender* 43 *Hoffnung* 46 *Heiligthum,* 47 *Hestariden Kräfte,* 49 *schrecklich* 53 *Blitz* 61 *schröckt* 66 *Verlaß o* (größerer Wortzwischenraum; vmtl. durch nicht druckendes Komma)
Die Strophenfugen sind nur durch Einzug der Anfangszeilen kenntlich gemacht.

Emendierter Text

Dem Genius der Kühnheit.

Eine Hymne.

Wer bist du? wie zur Beute, breitet
Das Unermeßliche vor dir sich aus,
Du Herrlicher! mein Saitenspiel geleitet
Dich auch hinab in Plutons dunkles Haus;
So flogen auf Ortygias Gestaden,
Indeß der Lieder Sturm die Wolken brach,

Dem Rebengott die taumelnden Mänaden
In wilder Lust durch Hain und Klüfte nach.

Einst war, wie mir, der stille Funken
Zu freier heitrer Flamme dir erwacht,
Du braustest so, von junger Freude trunken,
Voll Übermuths durch deiner Wälder Nacht,
Als von der Meisterin, der Noth, geleitet,
Dein ungewohnter Arm die Keule schwang,
Und drohend sich, vom ersten Feind erbeutet,
Die Löwenhaut um deine Schulter schlang. –

Wie nun in jugendlichem Kriege
Heroënkraft mit der Natur sich maß!
Ach! wie der Geist, vom wunderbaren Siege
Berauscht, der armen Sterblichkeit vergaß!
Die stolzen Jünglinge! die kühnen!
Sie legten froh dem Tyger Fesseln an,
Sie bändigten, von staunenden Delphinen
Umtanzt, den königlichen Ozean.

Oft hör' ich deine Wehre rauschen,
Du Genius der Kühnen! und die Lust,
Den Wundern deines Heldenvolks zu lauschen
Sie stärkt mir oft die lebensmüde Brust;
Doch weilst du freundlicher um stille Laren,
Wo eine Welt der Künstler kühn belebt,
Wo um die Majestät des Unsichtbaren
Ein edler Geist der Dichtung Schleier webt.

Den Geist des Alls, und seine Fülle
Begrüßte Mäons Sohn auf heil'ger Spur,
Sie stand vor ihm, mit abgelegter Hülle,
Voll Ernstes da, die ewige Natur;
Er rief sie kühn vom dunklen Geisterlande,
Und lächelnd trat, in aller Freuden Chor,
Entzükender im menschlichen Gewande
Die namenlose Königin hervor.

Er sah die dämmernden Gebiete,
Wohin das Herz in banger Lust begehrt,
Er streuete der Hofnung süße Blüthe
Ins Labyrinth, wo keiner wiederkehrt,
Dort glänzte nun in mildem Rosenlichte
Der Lieb' und Ruh' ein lächelnd Heiligtum,
Er pflanzte dort der Hesperiden Früchte,
Dort stillt die Sorgen nun Elysium.

Doch schreklich war, du Gott der Kühnen!
Dein heilig Wort, wenn unter Nacht und Schlaf
Verkündiger des ew'gen Lichts erschienen,
Und den Betrug der Wahrheit Flamme traf;
Wie seinen Bliz aus hohen Wetternächten
Der Donnerer auf bange Thale streut,
So zeigtest du entarteten Geschlechten
Der Riesen Sturz, der Völker Sterblichkeit.

Du wogst mit strenggerechter Schaale,
Wenn mit der Toge du das Schwerd vertauscht,
Du sprachst, sie wankten die Sardanapale,

Vom Taumelkelche deines Zorns berauscht;
Es schrökt' umsonst mit ihrem Tygergrimme
Dein Tribunal die alte Finsterniß,
Du hörtest ernst der Unschuld leise Stimme,
Und opfertest der heil'gen Nemesis.

Verlaß mit deinem Götterschilde,
Verlaß, o du der Kühnen Genius!
Die Unschuld nie. Gewinne dir und bilde
Das Herz der Jünglinge mit Siegsgenuß!
O säume nicht! ermahne, strafe, siege!
Und sichre stets der Wahrheit Majestät,
Bis aus der Zeit geheimnißvoller Wiege
Des Himmels Kind, der ew'ge Friede geht.

Das Schiksaal

Um den 20. Oktober teilt Hölderlin Neuffer zwei Verse aus der begonnenen Hymne mit (vgl. I). Einen Monat später berichtet ihm Magenau von Hölderlins Abschiedsbesuch und dessen Vorhaben: *Er hat manche Plane, doch keinen unausführbaren, das freut mich. Ein Hymnus an das Schiksal soll seine nächste Arbeit werden, darinn ihn der Kampf der Menschen Natur mit der Notwendigkeit am meisten beschäftigen wird.* In einem am 30. Dezember 1793, bald nach der Ankunft in Waltershausen, an Neuffer und Stäudlin zugleich gerichteten Brief, meldet Hölderlin: *Das Gedicht an das Schiksaal hab' ich beinahe zu Ende gebracht wärend der Reise.* Im April schickt Hölderlin das Gedicht an den in Stuttgart weilenden Schiller: *Ich nehme mir die Freiheit, ein Blatt beizulegen, dessen Unwerth in meinen Augen nicht so ser entschieden ist, daß ich es mir zur offenbaren Insolenz anrechnen könnte, Sie damit zu belästigen, dessen Schäzung aber eben so wenig hinreicht, mich aus der etwas bangen Stimmung zu sezen, womit ich dieses niederschreibe./Solten Sie das Blatt würdigen, in Ihrer Thalia zu erscheinen, so würde dieser Reliqie meiner Jugend mer Ehre widerfahren, als ich hofte.* Im Brief vom 10. Oktober 1794 an Neuffer erwähnt Hölderlin die immer noch ungedruckte Hymne nochmals: *Das Gedicht an das Schiksaal, das ich noch zu Hause anfieng, vorigen Winter beinahe ganz umänderte, und um Ostern in einem Briefe an Schiller einschlos, scheint dieser ser gut aufgenommen zu haben* (...) *Er hat es für einen Allmanach bestimmt, wovon er künftig der Herausgeber sein wird, und ich will ihm auf sein Begehren noch einiges dazu schiken.* Die dann doch in der letzten *Thalia*-Lieferung enthaltene Hymne eröffnet die erste Sammlung von 1826; Karl Gok läßt die Schlußstrophe in Hölderlins Grabstein meißeln.

I

Zitat aus dem nicht überlieferten Entwurf in einem undatierten Brief an Neuffer; Nürtingen, um den 20. Oktober 1793.

$_{1}$— „**Die Gespiel**e
$_{2}$**in der Heroën**
Die eherne Notwendigkeit

(vgl. II, v.57 und 63,64)

Unemendiertes Textsegment I

Die Gespielin der Heroën
Die eherne Notwendigkeit

II

Druck in Schillers *Neuer Thalia, Vierter und letzter Band, Fünftes Stück* (D5).
Das Motto ist eine freie Wiedergabe von v. 936 aus dem Gefesselten Prometheus: οι προσκυνουντες την Αδραστειαν σοφοι. (Einsichtig sind, die sich dem Schicksal unterwerfen.)
Emendationen bei:
T *Schicksal.* 5 *Schicksals* · 7 *übernächtigen* Gustav Schwab schlägt 1843 Chr. Th. Schwab den Text der *Thalia* als die bessere Lesart vor (D31 und D40: *übermüthigen*); alle drei Möglichkeiten sind denkbar; die Hg. entscheiden sich jedoch für die schon von C.T. Litzmann vorgenommene Emendation: *übermächtigen.* 13 *Gabe,* 17 *Ernte* 20 *seyn;* 21 *Triumph! Die* 24 *loß,* 31 *Wogen* 41 *veracheth,* 46 *Blitz,* 61 *entflohen.* 62 *bessre* 72 *Heiligthum* 80 *Glücke* 83 *freyer*

Emendierter Text II

Das Schiksaal.

Προσκυνουντες την ειμαρμενην, σοφοι.

Aeschylus.

Als von des Friedens heil'gen Thalen,
Wo sich die Liebe Kränze wand,
Hinüber zu den Göttermahlen
Des goldnen Alters Zauber schwand,
Als nun des Schiksaals eh'rne Rechte,
Die große Meisterin, die Noth,
Dem übermächtigen Geschlechte
Den langen, bittern Kampf gebot;

Da sprang er aus der Mutter Wiege,
Da fand er sie, die schöne Spur
Zu seiner Tugend schwerem Siege,
Der Sohn der heiligen Natur;
Der hohen Geister höchste Gaabe,
Der Tugend Löwenkraft begann
Im Siege, den ein Götterknabe
Den Ungeheuern abgewann.

Es kann die Lust der goldnen Erndte
Im Sonnenbrande nur gedeih'n;
Und nur in seinem Blute lernte
Der Kämpfer, frei und stolz zu sein;
Triumph! die Paradiese schwanden,
Wie Flammen aus der Wolke Schoos,

Wie Sonnen aus dem Chaos, wanden
Aus Stürmen sich Heroen los.

Der Noth ist jede Lust entsprossen,
Und unter Schmerzen nur gedeiht
Das Liebste, was mein Herz genossen,
Der holde Reiz der Menschlichkeit;
So stieg in tiefer Fluth erzogen,
Wohin kein sterblich Auge sah,
Stilllächelnd aus den schwarzen Woogen
In stolzer Blüte Cypria.

Durch Noth vereiniget, beschwuren
Vom Jugendtraume süß berauscht,
Den Todesbund die Dioskuren,
Und Schwerd und Lanze ward getauscht;
In ihres Herzens Jubel eilten
Sie, wie ein Adlerpaar, zum Streit,
Wie Löwen ihre Beute, theilten
Die Liebenden Unsterblichkeit. –

Die Klagen lehrt die Noth verachten,
Beschämt und ruhmlos läßt sie nicht
Die Kraft der Jünglinge verschmachten,
Giebt Muth der Brust, dem Geiste Licht;
Der Greise Faust verjüngt sie wieder;
Sie kömmt, wie Gottes Bliz, heran,
Und trümmert Felsenberge nieder,
Und wallt auf Riesen ihre Bahn.

Mit ihrem heil'gen Wetterschlage,
Mit Unerbittlichkeit vollbringt
Die Noth an Einem großen Tage,
Was kaum Jahrhunderten gelingt;
Und wenn in ihren Ungewittern
Selbst ein Elysium vergeht,
Und Welten ihrem Donner zittern –
Was groß und göttlich ist, besteht. –

O du, Gespielin der Kolossen,
O weise, zürnende Natur,
Was je ein Riesenherz beschlossen,
Es keimt' in deiner Schule nur;
Wohl ist Arkadien entflohen,
Des Lebens beßre Frucht gedeiht
Durch sie, die Mutter der Heroen,
Die eherne Nothwendigkeit. –

Für meines Lebens goldnen Morgen
Sei Dank, o Pepromene, dir!
Ein Saitenspiel und süße Sorgen
Und Träum' und Thränen gabst du mir;
Die Flammen und die Stürme schonten
Mein jugendlich Elysium,
Und Ruh' und stille Liebe thronten
In meines Herzens Heiligtum.

Es reife von des Mittags Flamme,
Es reife nun vom Kampf und Schmerz
Die Blüth' am gränzenlosen Stamme,

Wie Sprosse Gottes, dieses Herz!
Beflügelt von dem Sturm, erschwinge
Mein Geist des Lebens höchste Lust,
Der Tugend Siegeslust verjünge
Bei kargem Glüke mir die Brust!

Im heiligsten der Stürme falle
Zusammen meine Kerkerwand,
Und herrlicher und freier walle,
Mein Geist in's unbekannte Land!
Hier blutet oft der Adler Schwinge;
Auch drüben warte Kampf und Schmerz!
Bis an der Sonnen lezte ringe,
Genährt vom Siege, dieses Herz.

Griechenland

Im Frühling 1794 hat Hölderlin die Stuttgarter Freunde in einer sorgfältig abgestuften Trilogie besungen. Neuffer erhält die ihm dedizierte *Kleinigkeit* als erster; die Gedichte für Gotthold und Rosine Stäudlin wurden erst abgeschickt, nachdem Neuffer das seine erhalten hatte. Dieser antwortet am 3. Juni 1794: *Dein Gedicht an Gotthold hat meinen ungetheilten Beifall. Für das kleine Gedichtchen an mich dank ich Dir herzlich. Erfüll' einmal Dein Versprechen und weihe mir ein größeres. Selma wird für das Ihrige selbst danken.* Diesen Wunsch hat Hölderlin nicht erfüllt. Schon im Sommer 1793 teilt Hölderlin die Abschrift oder Paraphrase eines Briefs an Stäudlin mit, der als erste Formulierung von *Griechenland* betrachtet werden kann: *Neufers stille Flamme wird immer herrlicher leuchten, wenn vieleicht mein Strohfeuer längst verraucht ist; aber dieses vieleicht schrekt mich eben nicht immer, am wenigsten in den Götterstunden, wo ich aus dem Schoose der beseeligenden Natur, oder aus dem Platanenhaine am Ilissus zurükkehre, wo ich unter Schülern Platons hingelagert, dem Fluge des Herrlichen nachsah, wie er die dunkeln Fernen der Urwelt durchstreift, oder schwindelnd ihm folgte in die Tiefe der Tiefen, in die entlegensten Enden des Geisterlands, wo die Seele der Welt ihr Leben versendet in die tausend Pulse der Natur, wohin die ausgeströmten Kräfte zurükkehren nach ihrem unermeßlichen Kreislauf, oder wenn ich trunken vom Sokratischen Becher, und sokratischer geselliger Freundschaft am Gastmahle den begeisterten Jünglingen lauschte, wie sie der heiligen Liebe huldigen mit süßer feuriger Rede, und der Schäker Aristophanes drunter hineinwizelt, und endlich der Meister, der göttliche Sokrates selbst mit seiner himmlischen Weisheit sie alle lehrt, was Liebe sei – da, Freund meines Herzens, bin ich dann freilich nicht so verzagt...* Stäudlin schickte die ihm gewidmete Fassung von *Griechenland* zusammen mit der *Hymne an die Künheit* an J. L. Ewald, in dessen Zeitschrift *Urania* das Gedicht erst im April 1795 erschien (I), nachdem schon seit Januar die spätere, Schiller überlassene Textstufe im Druck vorlag. Noch zuvor, vermutlich auf einen Wink Stäudlins, hatte Hölderlin eine Fassung des bei Ewald liegenden Textes an den Reutlinger Buchhändler Mäcken gesandt, der eine Anthologie ähnlich den Stäudlinschen Almanachen plante. Das ungedruckte Manuskript wurde 1822 Karl Ziller ausgehändigt, der Karl Gok nur eine ungenaue Abschrift überließ (II); die Handschrift selbst ist verschollen. Die von Schiller veröffentlichte *Thalia*-Fassung (III) wurde vermutlich aus jener Textstufe entwickelt.

I
Druck in Ewalds *Urania, Dritter Band, Viertes Stück* (D6).
Emendationen bei:
T *Ständlin* 2 *Ilißus* 11 *heil'gen* 12 *Beschützerinn* 32 *die Jugend* 34 *Schiksal* 41 *beßern* 49 *Riesinn,* 55 *Ilißus* 61 *sey*

Emendierter Text I

Griechenland.
An Gotthold Stäudlin.

Hätt' ich dich im Schatten der Platanen,
Wo durch Blumen der Ilissus rann,
Wo die Jünglinge sich Ruhm ersannen,
Wo die Herzen Sokrates gewann,
Wo Aspasia durch Myrthen wallte,
Wo der brüderlichen Freude Ruf
Aus der lärmenden Agora schallte,
Wo mein Plato Paradiese schuf,

Wo den Früling Festgesänge würzten,
Wo die Fluten der Begeisterung
Von Minervens heil'gem Berge stürzten –
Der Beschüzerin zur Huldigung –
Wo in tausend süßen Dichterstunden,
Wie ein Göttertraum, das Alter schwand,
Hätt' ich da, Geliebter, dich gefunden,
Wie vor Jahren dieses Herz dich fand!

Ach! wie anders hätt' ich dich umschlungen! –
Marathons Heroen sängst du mir,
Und die schönste der Begeisterungen
Lächelte vom trunknen Auge dir;
Deine Brust verjüngten Siegsgefüle,
Und dein Haupt vom Lorbeerzweig umspielt,
Fülte nicht des Lebens dumpfe Schwüle,
Die so karg der Hauch der Freude kült.

Ist der Stern der Liebe dir verschwunden,
Und der Jugend holdes Rosenlicht?
Ach! umtanzt von Hellas goldnen Stunden,
Fültest du die Flucht der Jahre nicht;
Ewig, wie der Vesta Flamme, glühte
Muth und Liebe dort in jeder Brust;
Wie die Frucht der Hesperiden, blühte
Ewig dort der Jugend süße Lust.

Hätte doch von diesen goldnen Jahren
Einen Theil das Schiksaal dir bescheert;
Diese reizenden Athener waren
Deines glühenden Gesangs so werth;
Hingelehnt am frohen Saitenspiele
Bei der süßen Chiertraube Blut,
Hättest du vom stürmischen Gewühle
Der Agora, glühend ausgeruht.

Ach! es hätt' in jenen bessern Tagen
Nicht umsonst so brüderlich und groß
Für ein Volk dein liebend Herz geschlagen,
Dem so gern des Dankes Zähre floß; –
Harre nun! sie kommt gewiß, die Stunde,
Die das Göttliche vom Staube trennt!
Stirb! du suchst auf diesem Erdenrunde,
Edler Geist! umsonst dein Element!

Attika, die Riesin, ist gefallen,
Wo die alten Göttersöhne ruh'n,
Im Ruin gestürzter Mamorhallen
Brütet ew'ge Todesstille nun;
Lächelnd steigt der süße Früling nieder,
Doch er findet seine Brüder nie
In Ilissus heil'gem Thale wieder,
Ewig dekt die bange Wüste sie. –

Mich verlangt in's beß're Land hinüber
Nach Alcäus und Anakreon,
Und ich schlief' im engen Hause lieber,
Bei den Heiligen in Marathon!
Ach! es sei die lezte meiner Thränen,
Die dem heil'gen Griechenlande rann,
Laßt, o Parzen, laßt die Scheere tönen!
Denn mein Herz gehört den Todten an.

II

Karl Zillers Abschrift einer verlorenen Druckvorlage im Brief an Karl Gok vom 18. April 1822. Die Abschrift unterscheidet sich nur an einzelnen Stellen von III, wobei einige Abweichungen auf Fehllesungen oder ungenaue Wiedergabe zurückzuführen sind. Der Text wird unemendiert wiedergegeben. Die beiden Unterstreichungen Zillers kennzeichnen unsichere Lesarten.

Griechenland von Hölderlin

Hätt' ich dich im Schatten der Platanen
Wo durch Blumen der Cephyßus ran̄
Wo die Jünglinge sich Ruhm ersan̄en
Wo die Herzen Sokrates gewan
Wo Aspasia durch Myrthen wallte
Wo der brüderliche Freudenruf
Aus der lärmenden Agora schallte
Wo mein Plato Paradiese schuf.

Wo den Frühling Festgesänge Würzten
Wo die Ströme der Begeisterung
Von Minervens heilgem Berge stürzten
Der Beschützerin zur Huldigung
Wo in hundert süßen Dichterstunden
Wie ein Göttertraum das Alte schwand
Hätt ich da Geliebte! dich gefunden
Wie vor Jahren dieses Herz dich fand!

Ach wie anders hätt ich dich umschlungen
Marathons Heroen sangst du mir
Und die schönste der Begeisterungen
Lächelte vom trunknen Auge dir
Deine Brust verjüngten Siegsgefühle
Deinen Geist vom Lorberzweig umspielt
Drükte nicht des Lebens dumpfe Schwüle
Die so karg der Hauch der Freude kühlt

Ist der Stern der Liebe dir verschwunden
Und der Jugend holdes Rosenlicht?
Ach umtanzt von Hellas goldnen Stunden
Fühltest du die Flucht der Jahre nicht
Frühe wie der Vesta Flam̄en glühte
Muth u Liebe da aus jeder Brust
Wie die Frucht der Hesperiden blühte
Ewig dort der Jugend stolze Lust.

Ach es hätt in jenen goldnen Tagen
nicht umsonst so brüderlich u groß
biedres Volk dein liebes Herz geschlagen
Dem so gern der Freude Zähre floß
Harre nur, sie kom̄t gewiß die Stunde
Die das gottliche vom Kerker tren̄t
Stirb, du suchest auf dem Erdenrunde
Adler Geist umsonst dein Element:

Attika die Heldin ist gefallen
Wo die alten Götter Söhne ruhn
Im Ruin der schönen Mamorhallen
steht der Kranich einsam traurend nun
Lächelnd kehrt der holde Frühling (wie) nieder
Doch er findet seine Brüder nie
In Abyßus heilgem Thale wieder
Unter Schutt u Dornen schlum̄ern sie

Mich verlangt ins Fe(en)|rne|land hinüber
Nach Alkmäon u Anakreon
Und ich schlief im engen Hause lieber
bei den Seeligen in Marathon
Ach es sei die lezte meiner Thränen
Die dem lieben Griechenlande ran̄.
Laß o Parze laß die Scheere tönen
Den Mein Herz gehört den Todten an!

III
Druck in Schillers *Neuer Thalia, Vierter und letzter Band, Sechstes Stück* (D5).
Emendationen bei: 12 *Beschützerin* 15 *Dich* 18 *Heröen sangst* 34 *gros* 53 *sey letzte Thräne,*

Emendierter Text III

Griechenland.

An St.

Hätt' ich dich im Schatten der Platanen,
Wo durch Blumen der Cephissus rann,
Wo die Jünglinge sich Ruhm ersannen,
Wo die Herzen Sokrates gewann,
Wo Aspasia durch Myrthen wallte,

Wo der brüderlichen Freude Ruf
Aus der lärmenden Agora schallte,
Wo mein Plato Paradiese schuf,

Wo den Frühling Festgesänge würzten
Wo die Ströme der Begeisterung
Von Minervens heil'gem Berge stürzten –
Der Beschüzerin zur Huldigung –
Wo in tausend süßen Dichterstunden,
Wie ein Göttertraum, das Alter schwand,
Hätt' ich da, Geliebter! dich gefunden,
Wie vor Jahren dieses Herz dich fand;

Ach! wie anders hätt' ich dich umschlungen! –
Marathons Heroën sängst du mir,
Und die schönste der Begeisterungen
Lächelte vom trunknen Auge dir,
Deine Brust verjüngten Siegsgefühle,
Deinen Geist, vom Lorbeerzweig umspielt,
Drükte nicht des Lebens stumpfe Schwüle,
Die so karg der Hauch der Freude kühlt.

Ist der Stern der Liebe dir verschwunden?
Und der Jugend holdes Rosenlicht?
Ach! umtanzt von Hellas goldnen Stunden
Fühltest du die Flucht der Jahre nicht,
Ewig, wie der Vesta Flamme, glühte
Muth und Liebe dort in jeder Brust,
Wie die Frucht der Hesperiden, blühte
Ewig dort der Jugend stolze Lust.

Ach! es hätt' in jenen bessern Tagen
Nicht umsonst so brüderlich und groß
Für das Volk dein liebend Herz geschlagen,
Dem so gern der Freude Zähre floß! –
Harre nun! sie kömmt gewiß die Stunde,
Die das Göttliche vom Kerker trennt –
Stirb! du suchst auf diesem Erdenrunde,
Edler Geist! umsonst dein Element.

Attika, die Heldin, ist gefallen;
Wo die alten Göttersöhne ruhn,
Im Ruin der schönen Mamorhallen
Steht der Kranich einsam trauernd nun;
Lächelnd kehrt der holde Frühling nieder,
Doch er findet seine Brüder nie
In Ilissus heilgem Thale wieder –
Unter Schutt und Dornen schlummern sie.

Mich verlangt ins ferne Land hinüber
Nach Alcäus und Anakreon,
Und ich schlief im engen Hause lieber,
Bei den Heiligen in Marathon;
Ach! es sei die lezte meiner Thränen,
Die dem lieben Griechenlande rann,
Laßt, o Parzen, laßt die Scheere tönen,
Denn mein Herz gehört den Todten an!

An Neuffer
Im Merz 1794

Ende März oder Anfang April schreibt Hölderlin aus Waltershausen an Neuffer: *Hier inzwischen eine Kleinigkeit für Dich. Sie ist das Produkt einer frölichen Stunde, wo ich an Dich dachte. Du sollst einmal etwas besseres haben. Du kannst das kleine Ding ja mir halb zur Straffe halb zum Lohn in die Einsiedlerinn transportiren, oder wohin Du willst* (vgl. die Anm. zu *Griechenland* und *An Rosine Stäudlin*). Neuffer hat das in diesem Brief folgende Gedicht dreimal, 1794, 1797 und 1825, in unterschiedlichen Redaktionen veröffentlicht.

I

Reinschrift im undatierten Brief (vmtl. Anfang April) aus Waltershausen an Neuffer.
Varianten (Verszählung):
T $_1$**Im** A$_2$**Merz.** 2$_1$**nicht**,$_2$**mein** 9$_1$**Leben**!$_2$**,** 12 dahinter: ___ **Hölderlin.**

Unemendierter Text

An Neuffer.

Im Merz. 1794.

Noch kehrt in mich der süße Früling wieder,
Noch altert nicht mein kindischfrölich Herz,
Noch rinnt vom Auge mir der Thau der Liebe nieder,
Noch lebt in mir der Hofnung Lust und Schmerz.

Noch tröstet mich mit süßer Augenwaide
Der blaue Himmel und die grüne Flur,
Mir reicht die Göttliche den Taumelkelch der Freude,
Die jugendliche freundliche Natur.

Getrost! es ist der Schmerzen werth, diß Leben,
So lang uns Armen Gottes Sonne scheint,
Und Bilder beßrer Zeit um unsre Seele schweben,
Und ach! mit uns ein freundlich Auge weint.

An Rosine Stäudlin

Etwa Mitte April erhält Neuffer das schon im Brief zuvor versprochene Gedicht für Rosine Stäudlin: *Hier, lieber Bruder! hast Du das Kind des Frülings und der Freundschaft, das Liedchen an Deine Selma. Freilich sollte ein solcher Vater und eine solche Mutter eher einen Adon, wie Bürgers hohes Lied* (in dem 420 Verse umfassendes Gedicht heißt es gegen Ende: *Ah, nun bist du mir geboren,/Schön, ein geistiger Adon!*), *als einen solchen armen Schelm erzeugen. Übrigens bin ich zufrieden wenn nur eine ganz kleine Spur seines Vaters und seiner Mutter merkbar ist in ihm.* Das Gedicht ist nur in zwei Drucken Neuffers, 1797 und 1824, mit den Überschriften *Freundes Wunsch* und *Einer abwesenden Freundin* überliefert. Dies entspricht den von Neuffer erfundenen Überschriften *Lebensgenuß* und dem larmoyanten *Trost* in den parallelen Drucken des ihm gewidmeten Gedichts von 1797 und 1824, sodaß auch hier ein Eingriff Neuffers anzunehmen und der ergänzte Untertitel *An Rosine St*(äudlin) der bisherigen Überschrift vorzuziehen ist. Für diese Entscheidung spricht auch die Parallelität zum Titel des Gedichts *An Neuffer*.

Ia
Vmtl. von Neuffer redigierter Druck in Carl Langs *Taschenbuch, 1797* (D 8).
Emendationen bei: T *Freundes Wunsch. / An Rosine St.* –
1 *Frühling* 8 mglw. auch Erdenkinder (vgl. Ib) oder Erde Kinder (z.B. Hymne an die Menschheit I, v. 26: der Erde Sohn; oder Hymne an die Unsterblichkeit I, v. 85: Erdeleben – in Neuffers Druck (IIa): Erd*e*nleben) 31 *begegne,* (vgl. Ib) 34 *Angesicht,* (vgl. Ib) Jede zweite Zeile eingerückt.

Ib
Zweiter von Neuffer redigierter Druck in seinem *Taschenbuch von der Donau 1824* (D 31).
Abweichungen von D 8:
T *Einer abwesenden Freundin. / (1794.)* 7 *Strahl Erde* 8 *Erdenkinder* 9 *Wenn,* 11 *Freude,* 12 *träumt und sinnt;* 14 *Mondenscheine* 19 *Bist es ferne,* 20 *uns beschert;* 21 *Denn mit* 22 *Schönes Auserwählte nur,* 24 *Natur.* – 25 *schalle,* 28 *Saat!* 30 *Flur;* 31 *begegne* 32 *Natur!* 33 *Tannenhaine,* 34 *Angesicht* 35 *zauberische,*

Emendierter Text

An Rosine Stäudlin.

Wenn vom Früling rund umschlungen,
Von des Morgens Hauch umweht,
Trunken nach Erinnerungen
Meine wache Seele späht,
Wenn, wie einst am fernen Heerde,
Mir so süß die Sonne blinkt,
Und ihr Stral ins Herz der Erde,
Und der Erden Kinder dringt;

Wenn umdämmert von der Weide,
Wo der Bach vorüber rinnt,
Tief bewegt von Leid und Freude
Meine Seele träumt, und sinnt,
Wenn im Haine Geister säuseln,
Wenn im Mondenschimmer sich
Kaum die stillen Teiche kräuseln,
Schau ich oft und grüße dich.

Edles Herz, du bist der Sterne
Und der schönen Erde werth,
Bist deß werth, so viel die ferne
Nahe Mutter dir bescheert.
Sieh, mit deiner Liebe lieben
Schöner die Erwählten nur;
Denn du bist ihr treu geblieben,
Deiner Mutter, der Natur!

Der Gesang der Haine schalle
Froh, wie du, um deinen Pfad;
Sanft bewegt vom Weste, walle,
Wie dein friedlich Herz, die Saat.
Deine liebste Blühte regne,
Wo du wandelst, auf die Flur,
Wo dein Auge weilt, begegne
Dir das Lächeln der Natur.

Oft im stillen Tannenhaine
Webe dir ums Angesicht
Seine zauberische reine

Glorie das Abendlicht!
Deines Herzens Sorgen wiege
Drauf die Nacht in süße Ruh,
Und die freie Seele fliege
Liebend den Gestirnen zu.

Der Gott der Jugend

Am 10. Oktober 1794 schreibt Hölderlin an Neuffer: *Jezt bin ich an einer Umarbeitung meines Gedichts an den Genius der Jugend.* Entstanden ist jedoch ein völlig neues Gedicht, das, zusammen mit dem in Jena entworfenen *An die Natur*, erst ein knappes Jahr später von Nürtingen, mit dem Brief vom 4. September 1795, an Schiller geschickt wird: *Sie verzeihen, verehrungswürdiger Herr Hofrath! daß ich den Beitrag, wozu Sie mir die Erlaubniß gaben, so spät und so ärmlich gebe...* Wilhelm von Humboldt, der die Beiträge zum *Musenalmanach 1796* durchsieht, bemerkt zum Text: *Das Hölderlinsche* (Gedicht) *hat ein sehr angenehmes Silbenmaaß. Eine Stelle darin aber habe ich vorläufig geändert. Es heißt, daß der Cephissus um Platons Hallen, und durch Oliven floß; beides kann er nicht, da er ein Böotischer Fluß war. Ich habe Ilissus gesetzt* (vgl. II, v. 47), *doch warte ich vor dem Abdruck erst ihre Antwort ab, ob Sie etwas dagegen haben.* Im Druck erscheint dann doch *Cephisus*; Hölderlin meinte den am Pentelikon entspringenden und nördlich Athens fließenden Fluß gleichen Namens.

I

Vmtl. Abschrift eines nicht überlieferten Entwurfs.

Varianten (Verszählung):

11 $_1$**goldne**n $_2$n gestr. 12 $_1$**Morgenwölk**le $_2$**chen,** 24 $_1$At $_2$**ltertums** 27 $_1$**goll** $_2$**dlner** 31 $_1$**Der** J $_2$**Gott** 32 $_1$**Noch über** mir und dir. $_2$**dir und mir.** 33 $_1$**In** $_2$**hn** **ferne,**[,] [41-44] Zwischenraum für die fehlende Halbstrophe 48 Es ist nicht eindeutig, ob die Unregelmäßigkeit in Das als spätere Streichung der nicht vervollständigten Halbstrophe, oder als $_1$*Der* $_2$*Das* (StA) zu lesen ist. 49 $_1$Ist $_2$**Noch wie** d $_3$**in Platons Hallen** 50 $_1$**Ist** wieder, $_2$**von** W $_3$d $_4$**des Winters Nacht** 51 $_1$**Mit** Bl $_2$**ihren Blüten allen** 59 $_1$**Schal**l $_2$**ale** 63 $_1$J $_2$**Der Gott der** G $_2$**Jugend waltet**

Konstituierter Text I

Ist dir in goldnen Stunden
Noch oft, als bebtest du
Vom Staube losgewunden
Dem stillen Haine zu,
Wo, von der Erd' entflohen
Manch himmlische Gestalt
Mit seeligen Heroën
Im Rosenlichte wallt.

Entfalten dir die Keime
Der Lieb' im Lenze sich
Umwallen goldne Träume,
Wie Morgenwölkchen, dich,
Fülst du mit trunknem Ahnen
Der Schönheit tiefsten Sinn,
Das Lächeln und das Mahnen
Der hohen Zauberin;

Gehn oft im Dämmerlichte,
Wenn in der Frülingsnacht
Für friedliche Gesichte
Dein liebend Auge wacht
Vor dir der Freunde Manen
Und, wie der Sterne Chor,
Die Geister der Titanen
Des Altertums empor,

So such' im stillsten Thale
Den blütereichsten Hain
Und gieß' aus goldner Schaale
Den frohen Opferwein
Manch' liebend Herz veraltet,
Noch schlägt es heilig dir,
Der Gott der Jugend waltet
Noch über dir und mir.

Ihn feiert nah und ferne,
Auf goldbeblümter Flur,
Im stillen Raum der Sterne
Die seelige Natur;
Noch schwand von ihrem Bilde
Der Jugend Blüte nicht,
So wahr ihr Freud' und Milde
Aus jedem Zuge spricht.

Noch kehrt des Friedens Bogen
Und heute, wie zuvor,
Flammt aus den Meereswoogen
Das Morgenroth empor.

Noch wie in Platons Hallen
Ist von des Winters Nacht
Mit ihren Blüten allen
Zu süßem Spiel erwacht

Mit allen Seeligkeiten
Der holden Cypria,
Die Glorie der Zeiten,
Die Zeit der Liebe da.

Drum such' im stillsten Thale
Den düftereichsten Hain,
Und gieß aus goldner Schaale
Den frohen Opferwein,
Noch lächelt unveraltet
Des Frülings Wonne dir
Der Gott der Jugend waltet
Noch über dir und mir.

II
Überarbeitung von I.
Zuvor Unterstreichung von I, v. 6, 13-16, 50 und 52; die Unterstreichung von Frülings gehört dem Duktus nach nicht dieser Korrekturphase an.

1,2 wie I, v. 1,2
Vom Staube losgewunden
3 **Sturme weggeschwunden,**
Dem stillen Haine zu,
4 **Friedens**[h]
5-12 wie I, v. 5-12
Neuer Entwurf von I, v. 13-16
$_{1}$**Wird** da **, wo sich im Schönen**
13a $_{2}$**oft**
14a **Das Heilige verhüllt,**
$_{1}$Das ewig rege **Sehnen**
$_{2}$i
15a $_{3}$**Dir oft das rege**
$_{1}$Dir freudig oft **gestillt,**
$_{2}$Der Liebe dir
16a $_{3}$**Der Endlichkeit**
Die Varianten II, v. $13a_2$, $15a_{2\cdot 3}$ und $16a_{2\cdot 3}$ vmtl. nachträglich als Überarbeitung.
Wiederholung des Segments; zumeist ohne die vorherigen Korrekturen.
13 **Wird oft, wo sich im Schönen**
$_{1}$**Das** d
14 $_{2}$**Heilige verhüllt**
15 **Das ewig rege Sehnen**
$_{1}$**Mit** dir
16 $_{2}$**Freude dir gestillt,**
17-32 wie I, v. 17-32
Fortsetzung verso, linke Spalte.
33-40 wie I, v. 33-40
Das Strophenfragment I, v. 45-48 ist jetzt vmtl. aufgegeben; vgl. die Anm. zu I, v. 48.
Neuer Entwurf der Strophe I, v. 49-56:
41 **Noch wie um Platons Hallen,**
42 **Wenn durch der Haine Grün,**
43 **Begrüst von Nachtigallen,**
$_{1}$**Der Stern der** S
44 $_{2}$**Liebe schien,**

Wenn aller Lüfte schliefen,
[ ]
Und san[f]t bewegt vom Schwan
Ilissus durch Oliven,
[1]**Und Rosensträuche rann.**
[2],
wie I, v.57-64

III
Druck in Schillers *Musen-Almanach für das Jahr 1796* (D 7).
Emendationen bei:
3 *selige* 8 *Alterthums* 15 *Melodieen* 22 *Frühling* 39 *Cephisus* 48 *Frühlings*

Emendierter Text III

Der Gott der Jugend.

Gehn dir im Dämmerlichte,
Wenn in der Sommernacht
Für seelige Gesichte
Dein liebend Auge wacht,
Noch oft der Freunde Manen
Und, wie der Sterne Chor,
Die Geister der Titanen
Des Altertums empor;

Wird da, wo sich im Schönen
Das Göttliche verhüllt,
Noch oft das tiefe Sehnen
Der Liebe dir gestillt;
Belohnt des Herzens Mühen
Der Ruhe Vorgefühl,
Und tönt von Melodien
Der Seele Saitenspiel;

So such' im stillsten Thale
Den blüthenreichsten Hain,
Und gieß' aus goldner Schaale
Den frohen Opferwein!
Noch lächelt unveraltet
Des Herzens Früling dir,
Der Gott der Jugend waltet
Noch über dir und mir.

Wie unter Tiburs Bäumen,
Wenn da der Dichter saß,
Und unter Götterträumen
Der Jahre Flucht vergaß,
Wenn ihn die Ulme kühlte,
Und wenn sie stolz und froh
Um Silberblüthen spielte,
Die Flut des Anio;

Und wie um Platons Hallen,
Wenn durch der Haine Grün,
Begrüßt von Nachtigallen,
Der Stern der Liebe schien,
Wenn alle Lüfte schliefen,
Und, sanft bewegt vom Schwan,
Cephissus durch Oliven
Und Myrtensträuche rann;

So schön ist's noch hienieden!
Auch unser Herz erfuhr
Das Leben und den Frieden

Der freundlichen Natur;
Noch blüht des Himmels Schöne,
Noch mischen brüderlich
In unsers Herzens Töne
Des Frülings Laute sich.

Drum such' im stillsten Thale
Den düftereichsten Hain,
Und gieß' aus goldner Schaale
Den frohen Opferwein,
Noch lächelt unveraltet
Das Bild der Erde dir,
Der Gott der Jugend waltet
Noch über dir und mir.

An die Natur

Das Gedicht wurde wahrscheinlich im Frühjahr 1795 entworfen und lag dem Nürtinger Brief vom 4. September des gleichen Jahres bei. Ursprünglich hatte Schiller (wie aus einer Disposition auf der Rückseite eines Humboldt-Briefes vom 29. August hervorgeht) Hölderlins Abgesang auf die verlorene Jugend, der die hymnische Form im Gegensinn adaptiert, als *Nr. 4* des zehnten Stücks der *Horen 1795* vorgesehen. Wohl deshalb war das Gedicht in dem Manuskript, auf das sich Humboldt am 2. Oktober bezieht, schon durchgestrichen: *Dasselbemal schickten Sie mir zwei Stücke von Hölderlin: der Gott der Jugend und an die Natur. Das Erstere hatte ich schon früher bekommen, und das Letztere hatten Sie durchstrichen. Ich bin nun in Ungewißheit, ob Sie es früher durchstrichen hatten, und nun doch gedruckt wissen wollen, oder ob Sie vergessen hatten, daß Sie mir den Gott der Jugend schon geschickt hatten und jenes nur mitgeschickt hatten, weil es auf demselben Blatt stand. Ich behalte es, bis ich Antwort erhalte, um so mehr zurück, als es mir, ob es gleich gewiß nicht ohne poetisches Verdienst ist, doch im Ganzen matt erscheint, und so sehr an die Götter Griechenlands erinnert, eine Erinnerung, die ihm sehr nachtheilig ist.* Möglicherweise hatte Schiller das Gedicht nun doch für den *Musenalmanach 1796* vorgesehen und wird dann Humboldts Urteil beigepflichtet haben.

Ia

Abschrift der v.25-32 aus einer verlorenen Hs (vmtl. Druckvorlage von Ib) von Gustav Schlesier. Dieser notiert: *Unter Hölderlin's Gedichten fand ich auch: 1) Abschrift eines Fragmentes von Hyperion. Aus dem 5. Heft der Thalia von 1793. 2)* An die Natur. – Da ich noch um deinen Schleier spielte – *8 Verse à 8 Zeilen. Das Gedicht ist noch matter, als ich nach Humboldt's Äußerung mir gedacht. Der 4te Vers jedoch ist kräftig; er heißt:*

Wenn ich fern auf nackter Haide wallte,
Wo aus dämmernder Geklüfte Schoos
Der Titanensang der Ströme schallte
Und die Nacht der Wolken mich umschloß,
Wenn der Sturm mit seinen Wetterwoogen
Mir vorüber durch die Berge fuhr
Und des Himmels Flammen mich umflogen,
Da erschienst du, Seele der Natur!

Ib

Druck in Chr. Th. Schwabs *Friedrich Hölderlin's sämmtliche Werke* (D40).
Abweichungen von Ia:
25 *Heide* 26 *Schooß* 29 *Wetterwogen* 32 *Du,*
Emendationen bei:
2 *hing,* 4 *umfing,* 16 *umfingen* 22 *Odem* 25 *nackter Heide* 26 *Schooß* 29 *Wetterwogen* 41 *Seyd gesegnet,* 48 *Ernten*
Kleinschreibung der durchgängig großgeschriebenen Anredepronomina.

Emendierter Text

An die Natur.

Da ich noch um deinen Schleier spielte,
Noch an dir, wie eine Blüthe hieng,
Noch dein Herz in jedem Laute fühlte,
Der mein zärtlichbebend Herz umfieng,
Da ich noch mit Glauben und mit Sehnen
Reich, wie du, vor deinem Bilde stand,
Eine Stelle noch für meine Thränen,
Eine Welt für meine Liebe fand,

Da zur Sonne noch mein Herz sich wandte,
Als vernähme seine Töne sie,
Und die Sterne seine Brüder nannte
Und den Frühling Gottes Melodie,
Da im Hauche, der den Hain bewegte,
Noch dein Geist, dein Geist der Freude sich
In des Herzens stiller Welle regte,
Da umfiengen goldne Tage mich.

Wenn im Thale, wo der Quell mich kühlte,
Wo der jugendlichen Sträuche Grün
Um die stillen Felsenwände spielte
Und der Aether durch die Zweige schien,
Wenn ich da, von Blüthen übergossen,
Still und trunken ihren Othem trank
Und zu mir, von Licht und Glanz umflossen,
Aus den Höh'n die goldne Wolke sank –

Wenn ich fern auf nakter Haide wallte,
Wo aus dämmernder Geklüfte Schoos
Der Titanensang der Ströme schallte
Und die Nacht der Wolken mich umschloß,
Wenn der Sturm mit seinen Wetterwoogen
Mir vorüber durch die Berge fuhr
Und des Himmels Flammen mich umflogen,
Da erschienst du, Seele der Natur!

Oft verlor ich da mit trunknen Thränen
Liebend, wie nach langer Irre sich
In den Ocean die Ströme sehnen,
Schöne Welt! in deiner Fülle mich;
Ach! da stürzt' ich mit den Wesen allen
Freudig aus der Einsamkeit der Zeit,
Wie ein Pilger in des Vaters Hallen,
In die Arme der Unendlichkeit. –

Seid geseegnet, goldne Kinderträume,
Ihr verbargt des Lebens Armuth mir,
Ihr erzogt des Herzens gute Keime,
Was ich nie erringe, schenktet ihr!
O Natur! an deiner Schönheit Lichte,
Ohne Müh' und Zwang entfalteten
Sich der Liebe königliche Früchte,
Wie die Erndten in Arkadien.

Todt ist nun, die mich erzog und stillte,
Todt ist nun die jugendliche Welt,
Diese Brust, die einst ein Himmel füllte,

Todt und dürftig, wie ein Stoppelfeld;
Ach! es singt der Frühling meinen Sorgen
Noch, wie einst, ein freundlich tröstend Lied,
Aber hin ist meines Lebens Morgen,
Meines Herzens Frühling ist verblüht.

Ewig muß die liebste Liebe darben,
Was wir lieben, ist ein Schatten nur,
Da der Jugend goldne Träume starben,
Starb für mich die freundliche Natur;
Das erfuhrst du nicht in frohen Tagen,
Daß so ferne dir die Heimath liegt,
Armes Herz, du wirst sie nie erfragen,
Wenn dir nicht ein Traum von ihr genügt.

Die Unerkannte

Das Rätselgedicht wurde vermutlich gegen Ende des Nürtinger Aufenthalts oder um den Jahreswechsel 1795/96 entworfen. Einen Fingerzeig zur Datierung und Entschlüsselung gibt die Anspielung auf die ‚weiße Göttin' in der Textmitte, die auf Herders Epigramm im Anfang November erschienenen zehnten Stück der *Horen* zurückgehen dürfte: *Lerne die Lehren der Schule; doch, gleich der Leukothea Binde,/Bist du am Ufer, so wirf sie in die Wellen zurück.* Das Distichon folgt unmittelbar auf Goethes *Märchen*, dessen Chiffriertechnik Hölderlin offenbar in diesem philosophischen Rebus erprobt. Den Anlaß wird jedoch Schillers wahrscheinlich auf Hölderlin zielende Belehrung *Einem jungen Freund/als er sich der Weltweißheit widmete* gegeben haben, die er (statt einer Antwort auf sein Bekenntnis zur Philosophie im Brief vom 4. September 1795), im Mitte Dezember ausgelieferten elften *Horen*-Stück lesen mußte. Vielleicht gehörte das Gedicht zu jenen *unglüklichen Versen*, die Hölderlin im November 1796 von Schiller zurückerbittet (vgl. Anm. zu *An die klugen Rathgeber*).

Entwurf und Überarbeitung.

$_1$An
T $_2$**Die Unerkannte.**
1 **Ken**[ns]**t du sie, die seelig, wie die Sterne,**
2 **Von des Lebens dunkler Wooge ferne**
3 **Wandellos in stiller Schöne lebt,**
$_1$**Die des Herzens** königlich
$_2$löwen**kühne Siege**
$_3$riesen
$_4$| |
4 [löwen]
$_1$**Des Gedankens fesselfreie** Sie**ge**,
5 $_2$**Flü ,**
$_1$**W**enn sein Licht
6 $_2$**ie der Tag den Adler, überschwebt.**
Strophenfuge.
7 **Die uns trift mit ihren Mittagsstrahlen**
8 **Uns entflammt mit ihren Idealen,**
9 **Wie vom Himmel, uns Gebote schikt**
10 **Die die Weisen nach dem Wege fragen,**
11 **Stumm und ernst, wie von dem Sturm verschlagen**
12 **Nach dem Orient der Schiffer blikt.**
Strophenfuge.
$_1$**D**er
13 $_2$**ie das Beste giebt aus schöner Fülle**
14 **Wenn aus ihr die Riesenkraft der Wille**
$_1$**Und der Geist** d
15 $_2$**sein stilles Urtheil nimmt,**
$_1$Die dem **Lebensliede** seine **Weise** ↓ v. 17_1
$_2$Wenn er uns des s| | ↓ v. 17_2
16 $_3$[Die dem] [ ]**seine**
↑$_1$Die sein Tagewerk dem Bienenfleiße ↓ v. 18_1
↑$_2$Und das
17 $_3$**Die das Maas der Ruhe, wie dem Fleiße**
↑$_1$Und der Ruh' ihr volles Maas bestimmt.
$_2$**Durch den** Götterboten **unsern Geist bestimt.**
$_3$| |
18 $_4$**Mittler**

Feststellung des Hypermetrons 18_3 durch Abteilung der Trochäen. Die Varianten 16_3, 17_3 und $18_{3.4}$ gehören einer späteren Überarbeitungsschicht an.
Strophenfuge.
Die, wenn uns des Lebens Leere tödtet 19
Magisch uns die welken Schläfe röthet, 20
Uns mit Hofnungen das Herz verjüngt, 21
Die den Dulder, den der Sturm zertrümmert, 22
Fortsetzung verso.
Den sein fernes Ithaka bekümmert, 23
In Alcinous Gefilde bringt. 24
Strophenfuge.
Vmtl. Textlücke für die dem Duktus nach später eingefügte Strophe (v. 25-30).
Kennst du sie, die uns mit Lorbeerkronen 25
$_1$Mit
$_2$Die m**it** **Freude beßrer Regionen**
$_3$| |[M] **der** 26
Ehe wir zu Grabe gehn, vergilt 27
Die der Liebe göttlichstes Verlangen, 28
Die das schönste, was wir angefangen, 29
$_1$**Mühelos** vollendet und **erfüllt.**
$_2$**im Augenblik** 30
Strophenfuge.
Die der Kindheit Wiederkehr beschleunigt, 31
$_1$**Die den Halbgott, unsern Geist,**
$_2$**vereinigt** 32
Mit den Göttern, die er kühn verstößt, 33
Die des Schiksaals eh'rne Schlüsse mildert, 34
$_1$Die **im Kampfe, wenn das Herz verwildert,**
$_2$**Und** 35
35_2 vmtl. bei Niederschrift der nachgetragenen Strophe (v. 25-30).
Uns besänftigend den Harnisch löst. 36
Strophenfuge.
Die das Eine, das im Raum der Sterne, 37
Das du suchst in aller Zeiten Ferne 38
$_1$In der S
$_2$**Unter Stürmen, auf verwegner Fahrt,** 39
$_1$**Das kein sterblicher Verstand ers**i
$_2$**onnen,** 40
Keine, keine Tugend noch gewonnen, 41
Die des Friedens goldne Frucht bewahrt. 42

Konstituierter Text

Die Unerkannte.

Kennst du sie, die seelig, wie die Sterne,
Von des Lebens dunkler Wooge ferne
Wandellos in stiller Schöne lebt,
Die des Herzens löwenkühne Siege
Des Gedankens fesselfreie Flüge,
Wie der Tag den Adler, überschwebt.

Die uns trift mit ihren Mittagsstrahlen
Uns entflammt mit ihren Idealen,

Wie vom Himmel, uns Gebote schikt
Die die Weisen nach dem Wege fragen,
Stumm und ernst, wie von dem Sturm verschlagen
Nach dem Orient der Schiffer blikt.

Die das Beste giebt aus schöner Fülle
Wenn aus ihr die Riesenkraft der Wille
Und der Geist sein stilles Urtheil nimmt,
Die dem Lebensliede seine Weise
Die das Maas der Ruhe, wie dem Fleiße
Durch den Mittler unsern Geist bestimt.

Die, wenn uns des Lebens Leere tödtet
Magisch uns die welken Schläfe röthet,
Uns mit Hofnungen das Herz verjüngt,
Die den Dulder, den der Sturm zertrümmert,
Den sein fernes Ithaka bekümmert,
In Alcinous Gefilde bringt.

Kennst du sie, die uns mit Lorbeerkronen
Mit der Freude beßrer Regionen
Ehe wir zu Grabe gehn, vergilt
Die der Liebe göttlichstes Verlangen,
Die das schönste, was wir angefangen,
Mühelos im Augenblik erfüllt.

Die der Kindheit Wiederkehr beschleunigt,
Die den Halbgott, unsern Geist vereinigt
Mit den Göttern, die er kühn verstößt,
Die des Schiksaals eh'rne Schlüsse mildert,
Und im Kampfe, wenn das Herz verwildert,
Uns besänftigend den Harnisch löst.

Die das Eine, das im Raum der Sterne,
Das du suchst in aller Zeiten Ferne
Unter Stürmen, auf verwegner Fahrt,
Das kein sterblicher Verstand ersonnen,
Keine, keine Tugend noch gewonnen,
Die des Friedens goldne Frucht bewahrt.

An Herkules

Der erste Ansatz dieser überschriftslosen Reimhymne unterbricht die Übersetzung aus Ovids *Heroiden*: *Dejanira an Herkules*, in welcher Hölderlin das Versmaß der gleichzeitig oder bald darauf entworfenen Elegie *Der Wanderer* erprobt. Es ist anzunehmen, daß Hölderlin mit der vorbereitenden Übersetzungsarbeit kurz nach seinem Eintreffen in Frankfurt, Anfang 1796, begann. Möglicherweise steht sein Siegel mit dem löwenbezwingenden Herkules, das erst während der Frankfurter Zeit nachgewiesen ist (auf dem Brief an Ebel vom 10. Januar 1797), in einem ursächlichen Zusammenhang mit dem emphatischen Selbstgefühl des Entwurfs. Bisher wurde angenommen, diese Hymne habe zu jener verspätet bei Schiller eintreffenden Sendung vom Juli 1796 gehört. Wenn auch der Unterordnung signalisierende Satz *Ich wollte Ihnen einmal wieder in meiner ganzen Bedürfigkeit erscheinen* insgeheim auch die Sokratische *Eros*-Definition in Platons *Symposion* mit sich führt, so ist doch schwer vorstellbar, daß Hölderlin dieses beispiellose Bekenntnis zu einem herakleischen Leben Schiller oder sonst einem Dritten offenbart haben sollte.

I

Erste Entwurfsphase; Niederschrift von Teilstrophen und Strophen.

[1-5]
Und mir brechen, stark und groß 6
Wie die Wetterflamme, Thaten 7
$_1$**Aus der** W
$_2$**Jugend Wolke los.** 8
Strophenfuge.
$_1$**Wie der A**le
$_2$**dler seine Jungen,** 9
$_1$**Wenn ihr** blizend **Auge tagt**
$_2$**funkelnd** 10
$_1$**Auf die** kühnen **Wanderungen**
$_2$freien
$_3$| |
[kühnen] 11
aus dem Neste jagt, 12
Treibst du aus der Kinderwiege, 13
Von des Vaters Tisch' und Haus 14
In die Flamme deiner Kriege, 15
$_1$**Hoher Ha**b
$_2$**lbgott mich hinaus.** 16
Strophenfuge.
$_1$**Höre was ich nun beginne**,
$_2$**!** 17
Wie der Pfeil im Köcher, liegt 18
$_1$**Mir ein stolzer Rath imm**m
$_2$**Sinne,** 19
Der mich tödtet oder siegt, 20
Fortsetzung verso.
Was du, glüklicher geschaffen, 21
Als der Göttersohn vollbracht, 22
Führ' ich aus mit eignen Waffen, 23
Mit des Menschen Muth und Macht. 24
Strophenfuge.
$_1$**Bl**
$_2$**in ich gleich, wie du, in Freude** 25
Nicht von Jupiter erzeugt, 26

27 **Dennoch krönt ein Sinn uns beide,**
$_1$**Den** der Himmel selbst nicht beugt,
28 $_2$**kein Atlas niederbeugt.**

Konstituierter Text I

Und mir brechen, stark und groß
Wie die Wetterflamme, Thaten
Aus der Jugend Wolke los.

Wie der Adler seine Jungen,
Wenn ihr funkelnd Auge tagt
Auf die kühnen Wanderungen
aus dem Neste jagt,
Treibst du aus der Kinderwiege,
Von des Vaters Tisch' und Haus
In die Flamme deiner Kriege,
Hoher Halbgott mich hinaus.

Höre was ich nun beginne!
Wie der Pfeil im Köcher, liegt
Mir ein stolzer Rath im Sinne,
Der mich tödtet oder siegt,
Was du, glüklicher geschaffen,
Als der Göttersohn vollbracht,
Führ' ich aus mit eignen Waffen,
Mit des Menschen Muth und Macht.

Bin ich gleich, wie du, in Freude
Nicht von Jupiter erzeugt,
Dennoch krönt ein Sinn uns beide,
Den kein Atlas niederbeugt.

II

Zweite Entwurfsphase. Die fehlende Überschrift ergibt sich aus der namentlichen Anrufung des Halbgotts in v. 3_2.

1 **In der Kindheit Schlaf begraben**
2 **Lag ich, wie das Erz im Schacht;**
$_1$Habe **Dank**! du hast **den Knaben**
3 $_2$| | $_2$**, mein Herkules!**
4 **Hast zum Manne du gemacht,**
5 **Reif bin ich zum Königssize**
6 **Und mir brechen stark und groß**

Thaten, wie Kronions Blize 7
Aus der Jugend Wolke los. 8
Strophenfuge.
Ergänzung und Überarbeitung von I, v. 9-16:
Wie der Adler seine Jungen, 9
Wenn ihr funkelnd Auge tagt ↓ v. 12_1
Wenn der Funk' im Auge klimmt.
[,] 10
Auf die kühnen Wanderungen 11
↑$_1$Zürnend. aus dem Neste jagt,
[]
$_2$**In den frohen Aether nimmt,** 12
Treibst du aus der Kinderwiege,
Nimmst 13
Von des Vaters Tisch' und Haus
[r]**Mutter** 14
In die Flamme deiner Kriege, 15
Hoher Halbgott mich hinaus. 16
Strophenfuge.
Wähntest du, dein Kämpferwagen 17
$_1$**Rolle mir umsonst ins Ohr**,
$_2$**?** 18
$_1$**Jede Last,** die
$_2$**die du getragen,** 19
Hub die Seele mir empor, 20
Fortsetzung verso.
Zunächst ist offenbar der Anschluß von I, v. 21-24 geplant:
Was du, glüklicher geschaffen, 21a
Als der Göttersohn vollbracht, 22a
Führ' ich aus mit eignen Waffen, 23a
Mit des Menschen Muth und Macht.
Herzens Lust ↑ 24a
$_1$**Zwar der Schüler mußte zahlen**,
$_2$**;** 21
Schmerzlich brannten, stolzes Licht 22
Mir im Busen deine Stralen, 23
Aber sie verzehrten nicht. 24
Strophenfuge.
Wenn für deines Schiksaals Woogen 25
Hohe Götterkräfte dich, 26
Kühner Schwimmer! auferzogen, 27
$_1$**Was erzog** und **mich?**
$_2$**dem Siege** 28
$_1$Wa
$_2$**Was berief den Vaterlosen,** 29
$_1$**Der in dunkler Halle** lag,
$_2$**saß** 30
Zu dem Göttlichen und Großen, 31
$_1$**Daß er kühn an dir sich ma**a
$_2$**ß?** 32
Strophenfuge.
$_1$**W**e
$_2$**as ergriff und zog vom Schwarme** 33
Der Gespielen mich hervor? 34
$_1$**Was be**g
$_2$**wog des Bäumchens Arme** 35
$_1$Z
$_2$**Nach des Aethers Tag empor,** 36
Fortsetzung quer am linken Rand.

Freundlich nahm des jungen Lebens
Keines Gärtners Hand sich an,
Aber kraft des eignen Strebens
Blikt und wuchs ich himmelan.

Strophenfuge.

Niederschrift der Schlußstrophe drei Blätter weiter hinten; recto

Sohn Kronions! an die Seite
Tret' ich nun erröthend dir,
Der Olymp ist deine Beute;
Komm und theile sie mit mir!
Sterblich bin ich zwar geboren,
Dennoch hat Unsterblichkeit
Meine Seele sich geschworen,
Und sie hält, was sie gebeut.

Konstituierter Text II

In der Kindheit Schlaf begraben
Lag ich, wie das Erz im Schacht;
Dank, mein Herkules! den Knaben
Hast zum Manne du gemacht,
Reif bin ich zum Königssize
Und mir brechen stark und groß
Thaten, wie Kronions Blize
Aus der Jugend Wolke los.

Wie der Adler seine Jungen,
Wenn der Funk' im Auge klimmt,
Auf die kühnen Wanderungen
In den frohen Aether nimmt,
Nimmst du aus der Kinderwiege,
Von der Mutter Tisch' und Haus
In die Flamme deiner Kriege,
Hoher Halbgott mich hinaus.

Wähntest du, dein Kämpferwagen
Rolle mir umsonst ins Ohr?
Jede Last, die du getragen,
Hub die Seele mir empor,
Zwar der Schüler mußte zahlen;
Schmerzlich brannten, stolzes Licht
Mir im Busen deine Stralen,
Aber sie verzehrten nicht.

Wenn für deines Schiksaals Woogen
Hohe Götterkräfte dich,
Kühner Schwimmer! auferzogen,
Was erzog dem Siege mich?
Was berief den Vaterlosen,
Der in dunkler Halle saß,
Zu dem Göttlichen und Großen,
Daß er kühn an dir sich maß?

Was ergriff und zog vom Schwarme
Der Gespielen mich hervor?
Was bewog des Bäumchens Arme
Nach des Aethers Tag empor,
Freundlich nahm des jungen Lebens
Keines Gärtners Hand sich an,
Aber kraft des eignen Strebens
Blikt und wuchs ich himmelan.

Sohn Kronions! an die Seite
Tret' ich nun erröthend dir,
Der Olymp ist deine Beute;
Komm und theile sie mit mir!
Sterblich bin ich zwar geboren,
Dennoch hat Unsterblichkeit
Meine Seele sich geschworen,
Und sie hält, was sie gebeut.

An die klugen Rathgeber
Der Jüngling an die klugen Rathgeber

Die erste Fassung dieses polemischen Gedichts wurde am 24. Juli 1796 zusammen mit dem Lied *Diotima* (wahrscheinlich auch mit dem hexametrischen Gedicht *Die Eichbäume* und dem Rätselgedicht *Die Unerkannte*) nach Jena geschickt. Schiller war noch mit der Schlußredaktion der *Xenien* beschäftigt und antwortet Ende November auf Hölderlins Bitte um Rücksendung der *unglüklichen Verse, die keinen Plaz finden konnten in Ihrem dißjährigen Allmanache*: *Ihre neuesten Gedichte kamen für den Almanach um mehrere Wochen zu spät, sonst würde ich von dem einen oder dem andern gewiß Gebrauch gemacht haben. Dafür, hoffe ich, sollen Sie an dem künftigen desto größern Antheil haben. Da es mir heute an Muße fehlt, diese letzt übersandten Stücke durchzugehen, so behalte ich sie vor der Hand noch da, um meine Bemerkungen beyzuschreiben.* Der wirkliche Grund dieses Bescheids ist wohl in der nicht beendeten Redaktion der Druckvorlage von *An die klugen Rathgeber* zu suchen, die als einzige aus jener Sendung erhalten blieb. Mitte August 1797 bietet Hölderlin das Gedicht nochmals an; nun mit der entschuldigenden Überschrift *Der Jüngling an die klugen Rathgeber* und um eine Strophe verkürzt: *Ihrer Erlaubniß gemäß, schik' ich Ihnen das Gedicht an die klugen Rathgeber. Ich hab' es gemildert und gefeilt, so gut ich konnte. Ich habe einen bestimmteren Ton hineinzubringen gesucht, so viel es der Karakter des Gedichts leiden wollte. Ich lege Ihnen noch ein Lied bei. Es ist das umgearbeitete und abgekürzte Lied an Diotima, das Sie schon von mir besizen.* Schiller, der zur gleichen Zeit mit Goethe über *diese Schmidt, diese Richter diese Hölderlins* korrespondiert, hält die beiden Gedichte auch diesmal nicht für druckwürdig.

I
Druckvorlage für Schillers *Musenalmanach 1797* (nicht aufgenommen).
Varianten (Verszählung):
23 $_1$**Biß**$_2$**s** 33 $_1$**de**s$_2$**r Schwärmer** 34 $_1$mit $_2$**in edlem** 39 $_1$**morgenröt**h**lich** $_2$h gestr.
48 $_1$In $_2$**Aus heitrer** 53 $_1$**ihr Todten**! $_2$, 56 $_1$**herein**, $_2$Komma gestr.
Die sonst nicht mehr wiederholte Apostrophierung der Präpositionen i'm, a'm, zu'm, zu'r (vgl. den differenzierten Text Ia und die Emendation II, v. 3) ist nicht in den Text übernommen.

Ia
Nicht beendete Überarbeitung Schillers, durch die das Gedicht um 16 Verse verkürzt und an einzelnen Stellen umformuliert wird. Der nachstehende Text rekonstruiert den ablesbaren Redaktionsstand. Aus Schillers Streichungen ergeben sich im Mittelteil zwei neue Strophen; der Textverlust ist jeweils am Rand bezeichnet. Die unter der Zeile angestrichenen, jedoch nicht mehr geänderten Textsegmente sind auch im Druck unterstrichen; der durch Schiller veränderte Wortlaut ist durch *kursive* Type wiedergegeben.

An die klugen Rathgeber.

Ich sollte nicht *mit allen Kräften* ringen,
So lang mein Herz *das höchste* Schöne *liebt*,
Ich soll mein Schwanenlied a'm Grabe singen,
Wo ihr so gern lebendig uns *begrübt*?
O! schonet mein und laßt das rege Streben,
Bis seine Fluth in's fernste Meer sich stürzt,
Laßt immerhin, ihr Ärzte, laßt mich leben,
So lang die Parze nicht die Bahn verkürzt.

Des Weins Gewächs verschmäht die kühlen Thale,
Hesperiens beglükter Garten bringt
Die goldnen Früchte nur i'm heißen Strahle,

Der, wie ein Pfeil, in's Herz der Erde dringt;
Was warnt ihr dann, wenn stolz und ungeschändet
Das Herz von kühne*r* [ ] entbrennt,
Was nimmt ihr ihm, der nur im Kampf vollendet,
Ihr Weichlinge, sein glühend Element?

Er hat das Schwerdt zum Spiele nicht genommen,
Der Richter, der die alte Nacht verdammt,
Er ist zu'm Schlafe nicht herabgekommen,
Der reine Geist, der aus dem Aether stammt; [I, v. 21-24]
Und ihr, ihr wollt des *Schöpfers* Arme lähmen,
Dem Geiste, der mit Götterrecht *zerstreut,*
Bedeutet ihr, sich knechtisch zu bequemen,
Nach eures Pöbels [ ] *Dürftigkeit*?

Das Irrhaus wählt ihr euch zum Tribunale,
Dem soll der Herrliche sich unterzieh'n,
Den Gott in uns, den macht ihr zu'm Scandale,
Und sezt den Wurm zu'm König über ihn. – [I, v. 33-40]
Ihr lehrt die neue Kunst, das Herz zu morden,
Zu'm Todesdolch in meuchlerischer Hand
Ist nun der Rath des klugen Manns geworden,
Und *mit Vernunft entzweiht sich* der Verstand; [I, v. 45-48]

Umsonst, wenn auch der Geister Erste fallen,
Die starken Tugenden, wie Wachs, vergehn,
Das Schöne muß aus diesen Kämpfen allen,
Aus dieser Nacht der Tage Tag entstehn;
Begräbt sie nur, ihr Todten, eure Todten!
Indeß ihr noch die Leichenfakel *schwingt*,
Geschiehet schon, wie unser Herz geboten,
Wird schon die neue beßre Welt *verjüngt*.

Emendierter Text I

An die klugen Rathgeber.

Ich sollte nicht im Lebensfelde ringen,
So lang mein Herz nach höchster Schöne strebt,
Ich soll mein Schwanenlied am Grabe singen,
Wo ihr so gern lebendig uns begräbt?
O! schonet mein und laßt das rege Streben,
Bis seine Fluth in's fernste Meer sich stürzt,
Laßt immerhin, ihr Ärzte, laßt mich leben,
So lang die Parze nicht die Bahn verkürzt.

Des Weins Gewächs verschmäht die kühlen Thale,
Hesperiens beglükter Garten bringt
Die goldnen Früchte nur im heißen Strahle,
Der, wie ein Pfeil, in's Herz der Erde dringt;
Was warnt ihr dann, wenn stolz und ungeschändet
Des Menschen Herz von kühnem Zorn entbrennt,
Was nimmt ihr ihm, der nur im Kampf vollendet,
Ihr Weichlinge, sein glühend Element?

Er hat das Schwerdt zum Spiele nicht genommen,
Der Richter, der die alte Nacht verdammt,
Er ist zum Schlafe nicht herabgekommen,
Der reine Geist, der aus dem Aether stammt;
Er strahlt heran, er schrökt, wie Meteore,
Befreit und bändigt, ohne Ruh' und Sold,
Bis, wiederkehrend durch des Himmels Thore,
Sein Kämpferwagen im Triumphe rollt.

Und ihr, ihr wollt des Rächers Arme lähmen,
Dem Geiste, der mit Götterrecht gebeut,
Bedeutet ihr, sich knechtisch zu bequemen,
Nach eures Pöbels Unerbittlichkeit?
Das Irrhaus wählt ihr euch zum Tribunale,
Dem soll der Herrliche sich unterzieh'n,
Den Gott in uns, den macht ihr zum Scandale,
Und sezt den Wurm zum König über ihn. –

Sonst ward der Schwärmer doch an's Kreuz geschlagen,
Und oft in edlem Löwengrimme rang
Der Mensch an donnernden Entscheidungstagen,

Bis Glük und Wuth das kühne Recht bezwang;
Ach! wie die Sonne, sank zur Ruhe nieder
Wer unter Kampf ein herrlich Werk begann,
Er sank und morgenrötlich hub er wieder
In seinen Lieblingen zu leuchten an.

Jezt blüht die neue Kunst, das Herz zu morden,
Zu'm Todesdolch in meuchlerischer Hand
Ist nun der Rath des klugen Manns geworden,
Und furchtbar, wie ein Scherge, der Verstand;
Bekehrt von euch zu feiger Ruhe, findet
Der Geist der Jünglinge sein schmählich Grab,
Ach! ruhmlos in die Nebelnächte schwindet
Aus heitrer Luft manch schöner Stern hinab.

Umsonst, wenn auch der Geister Erste fallen,
Die starken Tugenden, wie Wachs, vergehn,
Das Schöne muß aus diesen Kämpfen allen,
Aus dieser Nacht der Tage Tag entstehn;
Begräbt sie nur, ihr Todten, eure Todten!
Indeß ihr noch die Leichenfakel hält,
Geschiehet schon, wie unser Herz geboten,
Bricht schon herein die neue beßre Welt.

II
Zweite überarbeitete Druckvorlage für Schillers *Musenalmanach 1798* (nicht aufgenommen).
Varianten (Verszählung):
6 $_1$**Ma**$_2$**uß** 19 $_1$J$_2$**Zum Joch'** 27 $_1$**Scherben**,$_2$**!** 29 $_1$**lähmen**,$_2$**!** 34 $_1$**That**,$_2$**!**
37 $_1$**zubereitet**!$_2$! gestr. 46 $_1$**scheltet**!$_2$**nur!**
Emendationen bei (Verszählung):
a'm (diese Schreibweise wird im folgenden wieder aufgegeben) 7 *Beete* 9 *Der Weins*
12 *dringt* 14 *entbrent,* 33 *könnt'*

Emendierter Text II

Der Jüngling an die
klugen Rathgeber.

Ich sollte ruhn? Ich soll die Liebe zwingen,
Die feurigfroh nach hoher Schöne strebt?
Ich soll mein Schwanenlied a'm Grabe singen,
Wo ihr so gern lebendig uns begräbt?
O schonet mein! Allmächtig fortgezogen,
Muß immerhin des Lebens frische Fluth
Mit Ungedult im engen Bette woogen,
Bis sie im heimatlichen Meere ruht.

Des Weins Gewächs verschmäht die kühlen Thale,
Hesperiens beglükter Garten bringt
Die goldnen Früchte nur im heißen Strale,
Der, wie ein Pfeil, ins Herz der Erde dringt;
Was sänftiget ihr dann, wenn in den Ketten
Der ehrnen Zeit die Seele mir entbrennt,
Was nimmt ihr mir, den nur die Kämpfe retten,
Ihr Weichlinge! mein glühend Element?

Das Leben ist zum Tode nicht erkoren,
Zum Schlafe nicht der Gott, der uns entflammt,
Zum Joch' ist nicht der Herrliche geboren,
Der Genius, der aus dem Aether stammt;
Er kommt herab; er taucht sich, wie zum Bade,
In des Jahrhunderts Strom und glüklich raubt
Auf eine Zeit den Schwimmer die Najade,
Doch hebt er heitrer bald sein leuchtend Haupt.

Drum laßt die Lust, das Große zu verderben,
Und geht und sprecht von eurem Glüke nicht!
Pflanzt keinen Cedernbaum in eure Scherben!
Nimmt keinen Geist in eure Söldnerspflicht!
Versucht es nicht, das Sonnenroß zu lähmen!
Laßt immerhin den Sternen ihre Bahn!
Und mir, mir rathet nicht, mich zu bequemen,
Und macht mich nicht den Knechten unterthan.

Und könnt ihr ja das Schöne nicht ertragen,
So führt den Krieg mit offner Kraft und That!
Sonst ward der Schwärmer doch ans Kreuz geschlagen,
Jezt mordet ihn der sanfte kluge Rath;
Wie manchen habt ihr herrlich zubereitet
Fürs Reich der Noth! wie oft auf euern Sand
Den hoffnungsfrohen Steuermann verleitet
Auf kühner Fahrt in's warme Morgenland!

Umsonst! mich hält die dürre Zeit vergebens,
Und mein Jahrhundert ist mir Züchtigung;
Ich sehne mich in's grüne Feld des Lebens
Und in den Himmel der Begeisterung;
Begrabt sie nur, ihr Todten, eure Todten,
Und preist das Menschenwerk und scheltet nur!
Doch reift in mir, so wie mein Herz geboten,
Die schöne, die lebendige Natur.

Diotima

Das nach Hölderlins eigener Angabe Ende des Winters 1796 entstandene Lied hatte in seiner ersten nur acht Strophen umfassenden Gestalt noch die Überschrift *Athenäa* (I). Von der zweiten schon sechzehnstrophigen Fassung ist nur das Fragment einer Abschrift Susette Gontards (IIa) und eine um 1840 angefertigte Teilabschrift Gustav Schlesiers (IIb) erhalten. Die eigenhändige Handschrift einer dritten, gleichfalls sechzehnstrophigen Fassung, deren dreizehnte Strophe Hölderlin später einklammerte (III), wurde von Christoph Theodor Schwab in vier einzelnen Teilen verschenkt; nur drei dieser Segmente sind überliefert; der fehlende Text (v. 65-96) muß aus den leicht variierenden Drucken Neuffers von 1829 (IIIa) und Schwabs von 1846 (IIIb) erschlossen werden, denen noch das vollständige Manuskript zugrunde gelegen hat. Dieses war offensichtlich auch die Vorlage der im Sommer 1796 nach Jena geschickten, vermutlich fünfzehnstrophigen Fassung, die Schiller entgegen Hölderlins Bitte zurückbehielt und die seither verschollen ist. Später, im Februar 1797, hat Hölderlin jene Vorlage an Neuffer gesandt und sie schon im Juli des gleichen Jahres wieder zur Überarbeitung zurückerbeten. Neuffer schickte jedoch nur eine Abschrift, sodaß Hölderlin eine neue, fünfzehnstrophige Reinschrift, als Basis der Umgestaltung (IV), anfertigen mußte. Auch diese verschollene Handschrift wurde von Gustav Schlesier beschrieben (vgl. Bd. 3, *An den Aether*). Aus jener Umarbeitung ist die wiederum nicht verwendete Druckvorlage abgeleitet, die Hölderlin im August 1797, zusammen mit *Der Jüngling an die klugen Rathgeber*, an Schiller geschickt hat, und die, wie schon die Fassung vom Vorjahr, in dessen Redaktionsnachlaß verschollen ist. Auf einer zweiten, von der Umarbeitung IV abgeleiteten und gleichfalls verlorenen Druckvorlage basiert der Text in Neuffers *Taschenbuch 1800* (Va); auf diesem beruhen sehr wahrscheinlich die Texte der Ausgaben von 1826 und 1846, deren Abweichungen hier nicht verzeichnet werden.

Motivisches Strophenschema (Rekonstruktion):

Die von Schlesier überlieferte Anfangszeile des 8strophigen, noch Athenäa überschriebenen Gedichts (I) erscheint in der fragmentarisch überlieferten ersten 16strophigen Fassung (II) zu Beginn der 5. Strophe. Auch die zweite 16strophige Fassung (III) ist gegenüber II – nachdem im vorderen Teil von II drei vollständige Strophen getilgt wurden – am Schluß um drei völlig neue Strophen erweitert. Analog dazu dürfte der Textzuwachs von II gegenüber I additiv erfolgt sein, sodaß das motivische Material der verschollenen Athenäa-Fassung im Mittelteil von II zu vermuten wäre. Der Umstand, daß Gustav Schlesier den Schluß von II nur bis zur vorletzten Strophe abschreibt, läßt eine zusätzliche Überlegung zu: sein Hauptaugenmerk galt den handschriftlichen Varianten zum bekannten Text. Während die drei von ihm notierten Strophen (II, v. 96-120) den von ihm noch eingesehenen und vmtl. mit III, v. 73-96 übereinstimmenden Text IIIc variieren, dürfte für die letzte Strophe von II eine Textentsprechung in IIIc gefehlt haben. Die in III folgende Strophe ist eingeklammert und fehlt deshalb in der eigenhändigen Abschrift IIIc. Sie überliefert wahrscheinlich das motivische Material der Schlußstrophe von II und möglicherweise auch die der ersten Athenäa-Fassung.

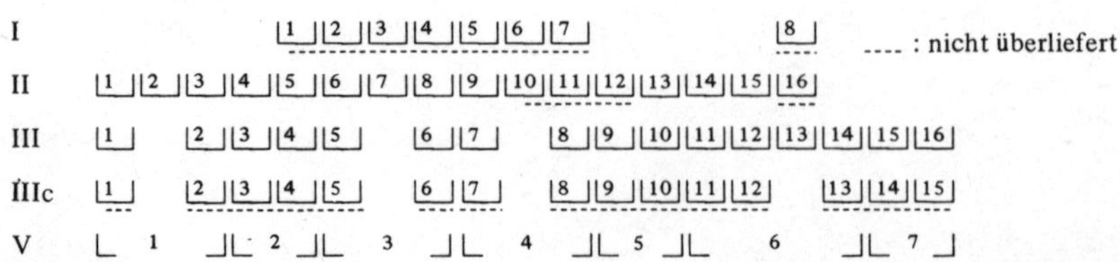

I
Reinschrift; verschollen.
Gustav Schlesier notiert: Athenäa *überschrieben – 8 Verse* [Strophen] *a 8 Zeilen. – Anfang:* Da ich noch in Kinderträumen, – *Im Ganzen noch sehr matt, aber schon einige der spätern Hauptstellen zeigen sich.*

Segment I

Athenäa.

Da ich noch in Kinderträumen,

II
Zu III hin überarbeitete Reinschrift; verschollen.
Gustav Schlesier notiert: Diotima. – *Anfang:* Lange todt u. tief/ [Zeilenbrechung ohne Trennstrich] verschlossen, – *(8 Ver) 16 Verse a 8 Zeilen. – Nebst mehreren (Co) Correkturen zwischen und in* [den] *Versen. Einige sind gestrichen, so daß das Ganze schon der 3. Redaktion* [IIIc] *entgegen geht. Vers 13-15 heißen hier:* (vgl. den emendierten Text II, v. 97-120).

IIa
Nicht vollständig überlieferte Abschrift von Susette Gontard (vmtl. nach der von Schlesier eingesehenen Hs vor den Überarbeitungen zu III); T, v. 1-77 (vgl. Abb. S. 279).
Emendationen bei:
10 *liebzürnend* 19 *Ackorden* 22 *Ward* 28 Gotterjugend 29 *bestehen* 40 *säuselte* 47 *h* in *Wohllaut* mglw. gestr. 48 *zurück.* 62 *tragen* 63 *wieder* statt nieder 73 *bogen* 76 *fliegt*

IIb
Gustav Schlesiers Abschrift der v. 97-120; nicht überliefert die Lücke zwischen IIa und IIb, die v. 78-96, und die 16. Strophe, v. 121-128; vgl. die Anm. zu II).
Emendationen bei:
99 *klar u*[nd] 100 *steht.* 101-104 eingeklammert, vmtl. in II gestr.; die entsprechenden Verse fehlen in III zwischen v. 80 und 81 101 *Schlacken,* 106 *Blick u*[nd]

Emendierter Text II (IIa, IIb)

Diotima

Lange todt und tiefverschlossen,
Grüßt mein Herz die schöne Welt,
Seine Zweige blühn und sprossen,
Neu von Lebenskraft geschwellt;
O! ich kehre noch in's Leben,
Wie heraus in Luft und Licht,
Meiner Blumen seelig Streben
Aus der dürren Hülse bricht.

Die ihr meine Klage kanntet,
Die ihr liebezürnend oft

Meines Sinnes Fehle nanntet
Und geduldet und gehoft,
Eure Noth ist aus, ihr Lieben!
Und das Dornenbett ist leer,
Und ihr kennt den immertrüben
Kranken Weinenden nicht mehr.

Wie so anders ist's geworden!
Alles was ich haßt und mied,
Stimmt in freundlichen Akkorden
Nun in meines Lebens Lied,
Und mit jedem Stundenschlage
Werd ich wunderbar gemahnt
An der Kindheit goldne Tage,
Seit ich dieses Eine fand.

Diotima! seelig Wesen!
Herrliche, durch die mein Geist
Von des Lebens Angst genesen
Götterjugend sich verheißt!
Unser Himmel wird bestehen,
Unergründlich sich verwandt
Hat, noch eh' wir uns gesehen
Unser Wesen sich gekannt.

Da ich noch in Kinderträumen
Friedlich wie der blaue Tag,
Unter meines Gartens Bäumen
Auf der warmen Erde lag,
Da mein erst Gefühl sich regte,
Da zum erstenmale sich
Göttliches in mir bewegte,
Säuselte dein Geist um mich.

Ach und da mein schöner Friede
Wie ein Saitenspiel, zerriß,
Da von Haß und Liebe müde
Mich mein guter Geist verließ,
Kamst du, wie vom Himmel nieder
Und es gab mein einzig Glük

Meines Sinnes Wohllaut wieder
Mir ein Traum von dir zurük.

Da ich flehend mich vergebens
An der Wesen kleinstes hieng,
Durch den Sonnenschein des Lebens
Einsam, wie ein Blinder, gieng,
Oft vor treuem Angesichte
Stand und keine Deutung fand,
Darbend vor des Himmels Lichte,
Vor der Mutter Erde stand;

Lieblich Bild mit deinem Strale
Drangst du da in meine Nacht!
Neu an meinem Ideale
Neu und stark war ich erwacht;
Dich zu finden, warf ich wieder
Warf ich meinen trägen Kahn
Von dem todten Porte nieder
In den blauen Ozean. –

Nun ich habe dich gefunden!
Schöner, als ich ahndend sah
In der Liebe Feierstunden,
Hohe Gute! bist du da;
O der armen Phantasien!
Dieses Eine bildest nur
Du in deinen Harmonien
Frohvollendete Natur!

Wie auf schwanker Halme Bogen
Sich die trunkne Biene wiegt,
Hin und wieder angezogen
Taumelnd hin und wieder fliegt,
Wankt und weilt vor diesem Bilde
[

]

Hab', ins tiefste Herz getroffen,
Oft um Schonung sie gefleht,
Wenn so klar und heilig offen
Mir ihr eigner Himmel steht,
Wenn die Schlaken, die mich kümmern,
Dieses Engelsauge sieht,
Wenn vor meines Friedens Trümmern
Dieser Unschuld Blume blüht.

Habe, wenn in reicher Stille
Wenn in einem Blik und Laut
Seine Ruhe, seine Fülle
Mir ihr Genius vertraut,
Wenn ihr Geist, der mich begeistert,
An der hohen Stirne tagt,
Von Bewundrung übermeistert,
Zürnend ihr mein Nichts geklagt.

Aber, wie in zarten Zweigen,
Liebend oft von mir belauscht,
Traulich durch der Haine Schweigen
Mir ein Gott vorüberrauscht,
So umfängt ihr himmlisch Wesen
Auch im Kinderspiele mich,

Und in süßem Zauber lösen
Freudig meine Bande sich.

[

]

$\text{III}_{1\cdot 2}$, [III_3], III_4
Zerteilte und unvollständig überlieferte Reinschrift; redigiert in IIIa (D 35).
Varianten (Verszählung):
26 $_1$Seel $_2$**Friedlich,** 40 $_1$**Reich**.$_2$; 60 $_1$**Blüh**l $_2$**t,** 63 $_1$gottrein $_2$**göttlich rein**
65-96 nicht handschriftlich überliefert (vgl. IIIa,b) 97-104 sind am Anfang und Ende der Strophe durch einige ineinander gezogene Klammern nachträglich herausgenommen; bei der Reinschrift – die, wie das Fehlen der Unterschrift nahelegt, nicht als Druckvorlage, sondern vmtl. noch vor dieser angefertigt wurde – stand jedoch die Gültigkeit jener Verse außer Zweifel. Wie schon die von Susette Gontard und Gustav Schlesier teilweise überlieferte Textstufe II umfaßte das Gedicht im Maximum seiner formalen Entfaltung (vor dem Einsetzen der unter dem pragmatischen Publikationsaspekt notwendigen Reduktion) 16 Strophen, wobei die hier eingeklammerte 13. Strophe mglw. den von Schlesier nicht überlieferten Schluß von II bildete.
97 $_1$**denn** wo $_2$**in** 114 $_1$**l**|i|$_2$**ei**|**chter**
IIIa
Von Neuffer redigierter Druck in der *Zeitung für die elegante Welt 1829* (D 35).
Abweichungen vom emendierten Text III:
T *1797.* 3 *blüh'n* 4 *geschwellt.* 5 *O, ins* 7 *selig* 8 *bricht:* 9 *ist's* 11 *Accorden* 12 *Lied;* 17 *Diotima, selig Wesen,* 21 *bestehen!* 23 *eh'* 31 *Zephyrstöne,* 32 *Diotima's* 33 *Ach,* 38 *bleich,* 40 *Reich:* 41 *vom* 42 *vom* 43 *erschienst* 44 *Götterbild, Nacht!* 47 *stummen Porte* 49 *Nun,* 50 *ahnend sah,* 51 *Feierstunden* 52 *da.* 53 *O, Phantasieen!* 55 *Du in Harmonieen,* 56 *Frohvollendende* 57 *Seligen* 67 *fassen,* 74 *Ihr* 77 *Hab' ins* 82 *Wenn, in einem Blick und Laut,* 87 *Bewund'rung* 94 *letzte* 97-104 diese in der Hs eingeklammerten Verse fehlen in IIIa-IIIc 105 *Da,* 108 *Da ist nun* 109 *vergessen* 112 *weiß ich,* 113 *Tyndariden,* 114 *lichter* 117 *Wie er in die Meereswogen,* 120 *hinunter sinkt:* 121 *O Begeisterung,* 122 *selig Grab,* 123 *Wogen* 124 *Still frohlockend* 125 *hören* 126 *Und,* 127 *Sterne* Die Anredepronomina sind großgeschrieben.
IIIb
Druck in Chr. Th. Schwabs Ausgabe (D 40); der Text richtet sich zumeist nach IIIa (D 35); es werden deshalb nur die Abweichungen von IIIa verzeichnet. Wo diese mit der Hs $\text{III}_{1\cdot 2}$ und $_4$ übereinstimmen, ist dies durch die Sigle (III) kenntlich gemacht; bei divergierenden Varianten in v. 65-97 (S. 5 und 6 der beiden aufgelösten Doppelblätter fehlen) ist auf Parallelstellen in anderen Textstufen verwiesen.
Abweichungen von IIIa:
2 *Welt,* 8 *bricht.* (III) 17 *Wesen!* (III) 18 *Herrliche!* 31 *Säuselte* 32 *Diotimas* (III) 33 *Ach!* (III) 35 *Da ich,* 36 *Blinder* 38 *Leben* 42 *Himmel* 43 *Strale,* 51 *Feierstunden –* 52 *Hohe,* 56 *Froh vollendete* (Worttrennung wie IIIa; Form wie III) 65-96 ohne Vergleich mit III: 67 *fassen* (vgl. jedoch V, v. 55) 71 *schönen* (Text folgt IIIa; vgl. V, v. 51: stillem Götterbilde) 77 *Hab' ins* (gegen IIIa – vgl. IIb, v. 97) 80 *eig'ner* (Text folgt IIIa – vgl. IIb, v. 100) 82 *Wenn in Laut* (gegen IIIa – vgl. IIb, v. 106) 87 *Bewundrung* 109 *vergessen,* (III) *120 hinuntersinkt:* (Schreibweise nach III) 123 *schwinden,* 124 *Still frohlockend,* 127 *wieder kehren*
IIIb folgt zumeist dem von der Hs abweichenden Text in IIIa, vermehrt noch dessen Abweichungen und kehrt seltener zum Wortlaut und zur Interpunktion der Hs zurück; ähnlich auch das Verhältnis zum Wortlaut der Textstufen II und IV (bei der Textlücke in Hs III, v. 65-96).

Emendierter Text III ($III_{1\cdot 2}$, IIIa,b, III_4)

Diotima.

Lange todt und tiefverschlossen,
Grüßt mein Herz die schöne Welt;
Seine Zweige blühn und sprossen,
Neu von Lebenskraft geschwellt;
O! ich kehre noch in's Leben,
Wie heraus in Luft und Licht
Meiner Blumen seelig Streben
Aus der dürren Hülse bricht.

Wie so anders ists geworden!
Alles, was ich haßt' und mied,
Stimmt in freundlichen Akkorden
Nun in meines Lebens Lied,
Und mit jedem Stundenschlage
Werd' ich wunderbar gemahnt
An der Kindheit goldne Tage,
Seit ich dieses Eine fand.

Diotima! seelig Wesen!
Herrliche, durch die mein Geist,
Von des Lebens Angst genesen,
Götterjugend sich verheißt!
Unser Himmel wird bestehen,
Unergründlich sich verwandt,
Hat sich, eh wir uns gesehen,
Unser Innerstes gekannt.

Da ich noch in Kinderträumen,
Friedlich, wie der blaue Tag,
Unter meines Gartens Bäumen
Auf der warmen Erde lag,
Und in leiser Lust und Schöne
Meines Herzens Mai begann,
Säuselte, wie Zephirstöne,
Diotimas Geist mich an.

Ach! und da, wie eine Sage,
Mir des Lebens Schöne schwand,
Da ich vor des Himmels Tage
Darbend, wie ein Blinder, stand,
Da die Last der Zeit mich beugte,
Und mein Leben, kalt und blaich,
Sehnend schon hinab sich neigte
In der Schatten stummes Reich;

Da, da kam vo'm Ideale,
Wie vo'm Himmel, Muth und Macht,
Du erscheinst mit deinem Strahle,
Götterbild! in meiner Nacht;
Dich zu finden, warf ich wieder,
Warf ich den entschlafnen Kahn
Von dem todten Porte nieder
In den blauen Ocean. –

Nun! ich habe dich gefunden,
Schöner, als ich ahndend sah
In der Liebe Feierstunden,
Hohe! Gute! bist du da;
O der armen Phantasien!
Dieses Eine bildest nur
Du, in ew'gen Harmonien
Frohvollendete Natur!

Wie die Seeligen dort oben,
Wo hinauf die Freude flieht,
Wo, des Daseyns überhoben,
Wandellose Schöne blüht,
Wie melodisch bei des alten
Chaos Zwist Urania,
Steht sie, göttlich rein erhalten,
Im Ruin der Zeiten da.

Unter tausend Huldigungen
Hat mein Geist, beschämt, besiegt,
Sie zu fassen schon gerungen,
Die sein Kühnstes überfliegt.

Sonnengluth und Frühlingsmilde,
Streit und Frieden wechselt hier
Vor dem stillen Engelsbilde
In des Busens Tiefe mir.

Viel der heil'gen Herzensthränen
Hab' ich schon vor ihr geweint,
Hab' in allen Lebenstönen
Mit der Holden mich vereint,
Hab', ins tiefste Herz getroffen,
Oft um Schonung sie gefleht,
Wenn so klar und heilig offen
Mir ihr eigner Himmel steht;

Habe, wenn in reicher Stille,
Wenn in einem Blik und Laut
Seine Ruhe, seine Fülle
Mir ihr Genius vertraut,
Wenn der Gott, der mich begeistert,
Mir an ihrer Stirne tagt,
Von Bewundrung übermeistert,
Zürnend ihr mein Nichts geklagt;

Dann umfängt ihr himmlisch Wesen
Süß im Kinderspiele mich,
Und in ihrem Zauber lösen
Freudig meine Bande sich;
Hin ist dann mein dürftig Streben,
Hin des Kampfes lezte Spur,
Und ins volle Götterleben
Tritt die sterbliche Natur.

Schöners, denn in jeder Zone
Unsers Himmels Licht erzeugt,
Größers, denn wovor die Krone
Willig ein Jahrhundert beugt,
Freude, die kein Aug' ergründet,
Die in Lethes frommem Hain
Nur die freie Seele findet,
Ist, du Theure! dein und mein.

Ha! wo keine Macht auf Erden,
Keines Gottes Wink uns trennt,
Wo wir Eins und Alles werden,
Das ist nur mein Element;
Wo wir Noth und Zeit vergessen,
Und den kärglichen Gewinn
Nimmer mit der Spanne messen,
Da, da sag' ich, daß ich bin.

Wie der Stern der Tyndariden
Der in leichter Majestät
Seine Bahn, wie wir, zufrieden
Dort in dunkler Höhe geht,
Nun in heitre Meereswoogen,
Wo die schöne Ruhe winkt,
Von des Himmels steilem Bogen
Klar und groß hinuntersinkt;

O Begeisterung! so finden
Wir in dir ein seelig Grab;
Tief in deine Wooge schwinden
Stillfrolokkend wir hinab,
Bis der Hore Ruf wir hören,
Und mit neuem Stolz erwacht,
Wie die Sterne, wiederkehren
In des Lebens kurze Nacht.

IIIc
Verschollene, zur Überarbeitung angefertigte Reinschrift (vgl. Bd. 3; An den Aether VI). Gustav Schlesier notiert: Diotima. *–Anfang:* Lange still u. tief/ [ohne Trennstrich; vgl. jedoch das Zitat in der Anm. zu IV] verschlossen, *–15 Verse a 8 Zeilen.*
Bei Abschrift der Neufferschen Kopie (vgl. die *Titelnotiz*) restituiert Hölderlin vmtl. den gegenüber III_1 veränderten Wortlaut der Anfangszeile in der verschollenen Druckvorlage für den *Musenalmanach 1797*. Gustav Schlesier notiert nur die Abweichungen der Überarbeitungsschicht IV vom Druck in Neuffers *Taschenbuch 1800* (D 15), sodaß ungewiß bleibt, ob Hölderlin bei der Abschrift noch weitere Änderungen vornahm. Nach Schlesiers Zeugnis unterscheidet sich die Abschrift IIIc nur in v. 1 und durch das Fehlen der in III_4 eingeklammerten 13. Strophe vom emendierten Text III.

IV

Überarbeitung von IIIa im verschollenen Anfang der Hs 3 (vgl. Bd. 3; An den Aether VI). Gustav Schlesier (GS) verzeichnet die *Varianten des Gedichts* Diotima *und zwar nach dem Msc., das unter derselben Aufschrift erst begann:* Lange still u. tiefverschlossen *u. noch achtzeilig, die Umformung aber als Correktur zur Seite u. über den Zeilen hatte. Diese[n] neuen Texte (revidirte) verglich ich mit Neuffer's Taschenb. f. 1800, u. bemerke folgende Varianten zu letzterem:* (Abweichungen vom unemendierten Text Va)

8 zu meiner 13 schönes Leben! 20 Knabe lag, 34 dies 37 gefunden, 38 ahndend 43 $_1$Alters $_2$ns 46 Götterbotin! 53-56 GS *5.* [Strophe] *1-4 stehen vor* [verschrieben statt: *hinter*] *Z. 5-8, doch, sichtbarlich, nur, weil es im frühern Text so stand u. der Dichter es nur beim schnell Corrigiren nicht umschrieb.* 54 oft, beschämt 62 $_1$Heilig $_2$Seelig holdes 64 nicht, 70 Ich zu solcher hohen Ruh, 72 Heiliggl\u00fc[c]kliche! wie du? – 81-84 GS *Die 4 letzten Zeilen des 7. Verses waren nur schwer zu lesen, namentlich Z. 10* [v. 82] *zweifelhaft, ob es* hohem, schönem *oder wie sonst zu lesen. Das Ganze aber stimmte doch mit dem Neufferschen u. jetzigen Texte.*

V

Als Textbasis gilt der von Hölderlin veranlaßte Druck in Neuffers *Taschenbuch für Frauenzimmer von Bildung, auf das Jahr 1800*, dem vmtl. Hölderlins originale, unredigierte Druckvorlage zugrunde lag. Nachdem die im Sommer 1797 hergestellte und an Schiller abgeschickte Fassung IV weder im *Musenalmanach* noch in den *Horen* erschienen war, schickte Hölderlin im Sommer 1799 nochmals eine vmtl. nach dem von Schlesier beschriebenen Manuskript (IV) angefertigte Reinschrift an Neuffer. Die Abschrift von Schreiberhand – für die Ausgabe von 1826 (Vb) – und die von dieser abhängenden Drucke Vc und Vd weichen in der Interpunktion und an einigen Stellen auch im Wortlaut von Neuffers Druck (Va) ab; mglw. lag hier noch eine andere Reinschrift oder Abschrift vor (z.B. aus Schillers Redaktionsnachlaß).

Va

Druck in Neuffers *Taschenbuch... auf das Jahr 1800* (D 15).

Emendationen bei:

22 *May* 30 *bleich,* 34 *dieß* (vgl. IV) 36 *Bey* 38 *ahnend* (vgl. IV) 39 *Feyerstunden,* 46 *Götterbotinn!* (vgl. IV) 48 *Bey* 49 *Sommergluth* (in der nicht handschriftlich überlieferten Version III, v. 69: Sonnengluth) 54 *oft beschämt* (vgl. IV) *62 Seligholdes* (vgl. IV; mglw. auch: Seelig holdes) 65 *Melodieen* 72 *Göttlichglückliche!* 75 *Ueber* 77 *Meereswogen,* 82 *Glück,* 84 *zurück.*

Emendierter Text V (nach Va)

Diotima.

Leuchtest du wie vormals nieder,
Goldner Tag! und sprossen mir
Des Gesanges Blumen wieder
Lebenathmend auf zu dir?
Wie so anders ists geworden!
Manches, was ich trauernd mied,
Stimmt in freundlichen Akkorden
Nun in meiner Freude Lied;

Und mit jedem Stundenschlage
Werd' ich wunderbar gemahnt
An der Kindheit stille Tage,
Seit ich Sie, die Eine, fand.

Diotima! edles Leben!
Schwester, heilig mir verwandt!
Eh ich dir die Hand gegeben,
Hab' ich ferne dich gekannt.
Damals schon, da ich in Träumen,
Mir entlokt vom heitern Tag',
Unter meines Gartens Bäumen,
Ein zufriedner Knabe, lag,
Da in leiser Lust und Schöne
Meiner Seele Mai begann,
Säuselte, wie Zephirstöne,
Göttliche! dein Geist mich an.

Ach! und da, wie eine Sage,
Jeder frohe Gott mir schwand,
Da ich vor des Himmels Tage
Darbend, wie ein Blinder, stand,
Da die Last der Zeit mich beugte
Und mein Leben, kalt und blaich,
Sehnend schon hinab sich neigte
In der Todten stummes Reich:
Wünscht' ich öfters noch, dem blinden
Wanderer, dies Eine mir,
Meines Herzens Bild zu finden
Bei den Schatten oder hier.

Nun! ich habe dich gefunden!
Schöner, als ich ahndend sah,
Hoffend in den Feierstunden,
Holde Muse! bist du da;
Von den Himmlischen dort oben,
Wo hinauf die Freude flieht,
Wo des Alterns überhoben,
Immerheitre Schöne blüht,
Scheinst du mir herabgestiegen,
Götterbotin! weiltest du
Nun in gütigem Genügen
Bei dem Sänger immerzu.

Sommergluth und Frühlingsmilde,
Streit und Frieden wechselt hier
Vor dem stillen Götterbilde
Wunderbar im Busen mir;
Zürnend unter Huldigungen
Hab' ich oft, beschämt, besiegt,
Sie zu fassen, schon gerungen,
Die mein Kühnstes überfliegt;
Unzufrieden im Gewinne,
Hab' ich stolz darob geweint,
Daß zu herrlich meinem Sinne
Und zu mächtig sie erscheint.

Ach! an deine stille Schöne,
Seeligholdes Angesicht!
Herz! an deine Himmelstöne
Ist gewohnt das meine nicht;

Aber deine Melodien
Heitern mälig mir den Sinn,
Daß die trüben Träume fliehen,
Und ich selbst ein andrer bin;
Bin ich dazu denn erkoren?
Ich zu deiner hohen Ruh,
So zu Licht und Lust geboren,
Göttlichglükliche! wie du? –

Wie dein Vater und der meine,
Der in heitrer Majestät
Über seinem Eichenhaine
Dort in lichter Höhe geht,
Wie er in die Meereswoogen,
Wo die kühle Tiefe blaut,
Steigend von des Himmels Bogen,
Klar und still herunterschaut:
So will ich aus Götterhöhen,
Neugeweiht in schönem Glük,
Froh zu singen und zu sehen,
Nun zu Sterblichen zurük.

An Landauer

Hölderlin wohnte in der zweiten Hälfte des Jahres 1800 bei dem beinah gleichaltrigen Kaufmann Christian Landauer in Stuttgart und war in dessen Haus auch nach seiner Rückkehr aus Hauptwil und in der zweiten Jahreshälfte 1801 einige Male zu Gast. Das Lied, nach dem Bericht des Sohnes, für einen Geburtstag Landauers, am 11. Dezember, gedichtet, wäre demnach 1801 oder 1802 entstanden. Bisher wurde die frühere Datierung angenommen, doch dürfte Hölderlin an diesem Tag die Ode *Das Ahnenbild* (vgl. Bd. 5) und vielleicht auch den Text der *Inschrift* (vgl. Bd. 6) überreicht haben. Schon Schlesier bemerkte bei seiner Abschrift des verlorenen Originals im Juli 1845: *es spielt auch wohl auf H.'s Abgang nach Hauptwil an.* Der sowohl allgemein als auch bestimmt zu verstehende Schluß ... *und jedes gehet morgen/Auf schmaler Erde seinen Gang* stimmt jedoch genau mit Hölderlins Aufbruch nach Bordeaux zusammen. Wenn er um den 10. Dezember in Nürtingen Abschied nahm, liegt eine Einladung Landauers und der Weg über Stuttgart, zu einem letzten Zusammensein mit den dort versammelten Freunden und Bekannten, näher als der etwas kürzere Weg südlich an Stuttgart vorbei. Am 12. Dezember wäre er in der Frühe aufgebrochen; am *24. Frimaire* (15.12.) meldet er sich, 22 württembergische Meilen weiter, in der Mairie von Strasbourg. Der Entwurf I/II wurde vermutlich noch in Nürtingen in das fast vollgeschriebene *Stuttgarter Foliobuch* eingetragen.

I
Erster Entwurf.
$_{1}$Dir
$_{2}$as rechte Loos
1 $_{3}$**Sei froh, du hast das edle Loos erkoren,**
$_{1}$**Und** **treu**
$_{2}$**tief u**[nd] ist d
2 $_{3}$**ward eine Seele dir,**
$_{1}$Zum Freund und Vater wurdest du
3 $_{2}$**Der Freunde Freund zu seyn, bist du**
4 **Und Vater! dich**
Strophenfuge.
$_{1}$**Wohl ihm, der so** am **eignen** Heerde **Frieden**
$_{2}$**im** Hauße
$_{3}$| |
5 $_{4}$**Hauße**
6 **Und Lust u**[nd] **Lieb und Fülle, sieht, wie du,**
$_{1}$Di
$_{2}$es Lebens sichre Mitte
$_{3}$Das Schiksaal ist **wie** Tag **und Nacht verschieden,**
7 $_{4}$**Viel andre sind** **Licht**
8 **In goldner Mitte wohnest du.**
[9] Strophenfuge; Strophenbeginn fehlt.
$_{1}$Des Waldes Haupt **die goldne Wolke krönt**
10 $_{2}$**Und wie den Wald**
$_{1}$**So sind um** dich **die Schatten deiner Lieben**
11 $_{2}$**uns**
12 **Die Seeligen**
Strophenfuge.
Aufgegebener Strophen-Entwurf:
[13a] O schüzet ihn!
[14a] Zwischenraum für eine Zeile.

$_1$Wir feiern heut
$_2$so
$_3$So sei es heut , wir
$_4$und heben fröhlich **Morgen**
$_5$**der Schiffer hebet**
$_6$**Das Fest verhallt** [15a]
$_1$Des Lebens **Fahrt auf** schwanken **Woogen** an.
$_2$[Die] **alte** | | **wieder** [16a]
Strophenfuge.
$_1$Aus Freude des Herzens
$_2$Doch sieh! a**us Freude** **singen wir von Sorgen,**
$_3$| |[A] Lieber!
$_4$**Vater!** 13
$_1$Denn
$_2$**Wie dunkler Wein,** gefallt **auch ernster Sang,**
$_3$Doch freut [ ]
[ ] $_4$**erfreut** 14
Das Fest verhallt, und jedes gehet morgen 15
$_1$**Auf** schmalem Pfade **seinen Gang.**
$_2$vestem
$_3$**schmaler Erde** 16

Konstituierter Text I

Sei froh, du hast das edle Loos erkoren,
Und tief und treu ward eine Seele dir,
Der Freunde Freund zu seyn, bist du
Und Vater! dich

Wohl ihm, der so im eignen Hauße Frieden
Und Lust und Lieb und Fülle, sieht, wie du,
Viel andre sind wie Licht und Nacht verschieden,
In goldner Mitte wohnest du.

Und wie den Wald die goldne Wolke krönt
So sind um uns die Schatten deiner Lieben
Die Seeligen

Aus Freude Vater! singen wir von Sorgen,
Wie dunkler Wein, erfreut auch ernster Sang,
Das Fest verhallt, und jedes gehet morgen
Auf schmaler Erde seinen Gang.

II

Erweiterung und Überarbeitung des ersten Entwurfs.

1-8 wie I, v. 1-8

$_{1}$**Dir** gl

$_{2}$scheint **die Sonn in wohlgebauter Ha**

9 $_{3}$**glänzt**

$_{1}$Die Sonne reift am Berge dir den

10 $_{2}$**Am Berge reift die Sonne dir den Wein**

$_{1}$Getreu ist dir das Schiff

$_{2}$Ein

$_{3}$Der kluge Genius

$_{4}$Der kluge Genius dir aus und ein.

$_{5}$Gott

$_{6}$Glükbringend

11 $_{7}$**Und immer glüklich führt die Güter alle**

12 **Der kluge Gott dir aus u**[nd] **ein.**

Strophenfuge.

$_{1}$Und Kind und Mutter

$_{2}$**gedeiht**

13 $_{3}$**Das Kind die Mutter um den Gatten**

Und wie den Wald die goldne Wolke krönt

14 **Und wie den Wald die goldne Wolke krönt,**

So sind um uns die Schatten deiner Lieben

15 **So seid auch ihr um ihn geliebte Schatten**

Die Seeligen

16 **Ihr Seeligen! an ihn gewöhnt.**

Strophenfuge.

O schüzet ihn!

$_{1}$**O seid mit ihm! den**[n] **Wolk und** W

$_{2}$Lüfte

17 $_{3}$**Winde**

$_{1}$und

$_{2}$oft

$_{3}$imer

18 $_{4}$**Unruhig öfters über Land und Haus**

$_{1}$Und gerne ruht der Mann nach schweren Tagen

19 $_{2}$**Doch liebend ruht das Herz bei allen Lebens**

$_{1}$**Im** treuen **Angedenken aus**

20 $_{2}$**heilgen**

Strophenfuge.

Aus Freude Vater! singen wir von Sorgen,

21 **Und sieh! aus Freude sagen wir**

22-24 wie I, v. 14-16

Konstituierter Text II

Sei froh, du hast das edle Loos erkoren,
Und tief und treu ward eine Seele dir,
Der Freunde Freund zu seyn, bist du
Und Vater! dich

Wohl ihm, der so im eignen Hauße Frieden
Und Lust und Lieb und Fülle, sieht, wie du,
Viel andre sind wie Licht und Nacht verschieden,
In goldner Mitte wohnest du.

Dir glänzt die Sonn in wohlgebauter Ha
Am Berge reift die Sonne dir den Wein
Und immer glüklich führt die Güter alle
Der kluge Gott dir aus und ein.

Das Kind gedeiht die Mutter um den Gatten
Und wie den Wald die goldne Wolke krönt,
So seid auch ihr um ihn geliebte Schatten
Ihr Seeligen! an ihn gewöhnt.

O seid mit ihm! denn Wolk und Winde
Unruhig öfters über Land und Haus
Doch liebend ruht das Herz bei allen Lebens
Im heilgen Angedenken aus

Und sieh! aus Freude sagen wir von Sorgen,
Wie dunkler Wein, erfreut auch ernster Sang,
Das Fest verhallt, und jedes gehet morgen
Auf schmaler Erde seinen Gang.

IIIa
Abschrift Gustav Schlesiers.
Emendationen bei:
T *Zum Geburtstag/ seines Freundes Christian Landauer.* Schlesier bemerkt hierzu am Ende seines Berichts (vgl. Titelnotiz): *NB. Die Überschrift des Gedichts rührt von mir her. G.S.*
1 *erkohren,* 3 *sein,* 4 *Dies* 5 *Hause* 11 *glücklich* 22 *Wein* Die Anredepronomina sind großgeschrieben.

IIIb
Druck in Chr. Th. Schwabs Ausgabe (D40); vmtl. nach einer zweiten Abschrift Schlesiers.
Abweichungen von IIIa:
T *An Landauer.* 1 *Sey erkoren,* 3 *seyn,* 4 *Dieß* 5 *selig,* 6 *Lieb'* 10 *Wein,* 15 *seyd*
16 *Seligen,* 17 *seyd Denn* 19 *von allen Lebensmühen*

Emendierter Text IIIa

Sei froh! du hast das gute Loos erkoren,
Denn tief und treu ward eine Seele dir;
Der Freunde Freund zu seyn, bist du geboren,
Diß zeugen dir am Feste wir.

Und seelig, wer im eignen Hauße Frieden,
Wie du, und Lieb und Fülle sieht und Ruh;
Manch Leben ist, wie Licht und Nacht, verschieden,
In goldner Mitte wohnest du.

Dir glänzt die Sonn' in wohlgebauter Halle,
Am Berge reift die Sonne dir den Wein
Und immer glüklich führt die Güter alle
Der kluge Gott dir aus und ein.

Und Kind gedeiht, und Mutter um den Gatten,
Und wie den Wald die goldne Wolke krönt,
So seid auch ihr um ihn, geliebte Schatten!
Ihr Seeligen, an ihn gewöhnt!

O seid mit ihm! denn Wolk' und Winde ziehen
Unruhig öfters über Land und Haus,
Doch ruht das Herz bei allen Lebensmühen
Im heil'gen Angedenken aus.

Und sieh! aus Freude sagen wir von Sorgen;
Wie dunkler Wein, erfreut auch ernster Sang;
Das Fest verhallt, und jedes gehet morgen
Auf schmaler Erde seinen Gang.

Inhalt